EXTREM!

Die außergewöhnlichsten Dinge der Welt

Mitwirkende:
Camilla de la Bedoyere
Clive Gifford
John Farndon
Steve Parker
Stewart Ross
Philip Steele

Discovery CHANNEL

arsEdition

5 4 3 2 1   14 13 12 11

Die Originalausgabe ist bei
Miles Kelly Publishing Ltd erschienen
Titel der Originalausgabe: Discover the Extreme World

yourdiscovery.com
Publishing Director: Belinda Gallagher
Creative Director: Jo Cowan
Redaktion: Rosie McGuire und Amanda Askew sowie
Carly Blake, Claire Philip und Lauren White
Design: Simon Lee, Rocket Design (East Anglia) Ltd,
sowie Joe Jones und Kayleigh Allen
Produktion: Elizabeth Collins, Liberty Newton,
Stephan Davis und Jennifer Hunt

Aus dem Englischen von Birgit Adam und
Marianne Harms-Nicolai
Textlektorat: Ulrike Hauswaldt
Printed in China

ISBN 978-3-7607-8469-4

www.arsedition.de

Inhalt

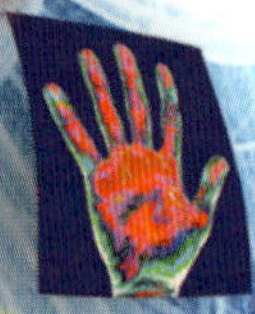

Bewegte ERDE

Sogar unter ihrer felsigen Oberfläche ist die Erde unaufhörlich in Bewegung.

◀ Schichten von gepresstem Sandstein, glatt ausgewaschen durch Gletscher, ergeben dieses Linienmuster in einer Felswand der Vermilion Cliffs im Norden von Arizona, USA.

Besucher aus DEM ALL

Wir leben auf einem kochenden, tobenden, eisigen, bewegten Planeten. Unser außergewöhnlicher Planet, die Erde, entstand vor 4,6 Milliarden Jahren. Sie ist Teil des riesigen und noch viel außergewöhnlicheren Universums. Daran erinnern uns immer wieder Erscheinungen wie Kometen und Meteore.

Meteore

Meteore oder Sternschnuppen sind Leuchterscheinungen, die entstehen, wenn kleinere Felsbrocken oder Teile metallischer Steine unter extremer Hitze verbrennen, wenn sie in unsere Atmosphäre eintreten. Das sehen wir als glimmenden Schweif aus Gasen und geschmolzenen Kleinteilen. Der am besten sichtbare Meteorschauer wurde 1883 in den USA beobachtet. Als nachts Abertausende glitzernde Lichter vom Himmel fielen, erwachten die Menschen und fürchteten, das Ende der Welt sei gekommen.

Total ausgelöscht!

Die verheerende Katastrophe passierte vor 65,5 Millionen Jahren. Ein Meteorit, also ein großer Felsbrocken aus dem All, schlug nahe dem heutigen Chicxulub, Mexiko, ein und schleuderte Staub und Felsen in die Luft, die das Sonnenlicht verdunkelten und das Klima für 10 000 Jahre beeinflussten. Wissenschaftler glauben, dass dadurch 80 % aller Tierarten ausstarben, auch die Dinosaurier. Sollte noch einmal ein Riesenmeteorit auf die Erde zurasen, könnte er die Luft auf bis zu 60 000 °C erwärmen. Der Einschlag könnte 1000 km³ Felsen und Gas oder mehr in die Luft schleudern und starke Erdbeben auslösen.

Polare Lightshow

Polarlichter sind ein faszinierender Anblick! Über dem Süd- und Nordpol wird der Himmel von geisterhaften Lichterteppichen erhellt, die durch die Dunkelheit gleiten. Dieses Phänomen entsteht, wenn die Magnetfelder der Erde Teilchenströme anziehen, die vom Sonnenwind herangetragen werden.

▲ *Aurora australis* (Südlicht) aus Sicht der Internationalen Weltraumstation ISS

Der größte Einschlagkrater eines Meteoriten liegt in Vredefort, Südafrika. Er hat einen Durchmesser von ca. 300 km.

▼ Der Komet Hyakutake, beobachtet am 21. März 1996

Brennendes Eis

Kometen sind rasende Brocken aus Eis, Felsen und gefrorenen Gasen. Wenn sie sich der Sonne nähern, erwärmen sie sich und geben Dampf und Gase ab. 1996 führte der Weg des Kometen Hyakutake nahe an der Erde vorbei – in ca. 15 Millionen km Entfernung – und wurde zu einer der strahlendsten Himmelserscheinungen seit 200 Jahren. Der Komet fliegt nun auf den Rand unseres Sonnensystems zu und wird für 72 000 Jahre nicht mehr zu sehen sein.

▲ Der amerikanische Astronaut James Irwin sah die Erde aus dem All als »einen glitzernden blauweißen Edelstein«.

Im Innern der Erde

Im Erdmittelpunkt erreichen die Temperaturen atemberaubende 5400 °C. Wie ein mächtiger Maschinenraum strahlt dieser heiße Kern nach außen und treibt heftige Bewegungen im Erdmantel an. Daraus folgen eigenartige Ereignisse an der Erdkruste, von der Entstehung der Berge bis hin zu Vulkanausbrüchen und Erdbeben in ihrer vollen zerstörerischen Kraft.

Der Pazifische Feuerring

Der »Pazifische Feuerring« ist nach den gewaltigen und häufigen Vulkanausbrüchen und Erdbeben benannt, die sich hier ereignen. Am Feuerring stoßen große Erdplatten aneinander und sorgen für mehr als 75 % aller seismischen Aktivitäten der Erde. Am Feuerring liegen u. a. die japanischen Inseln, die Anden und der Krakatau, einer der explosivsten Vulkane der Erde.

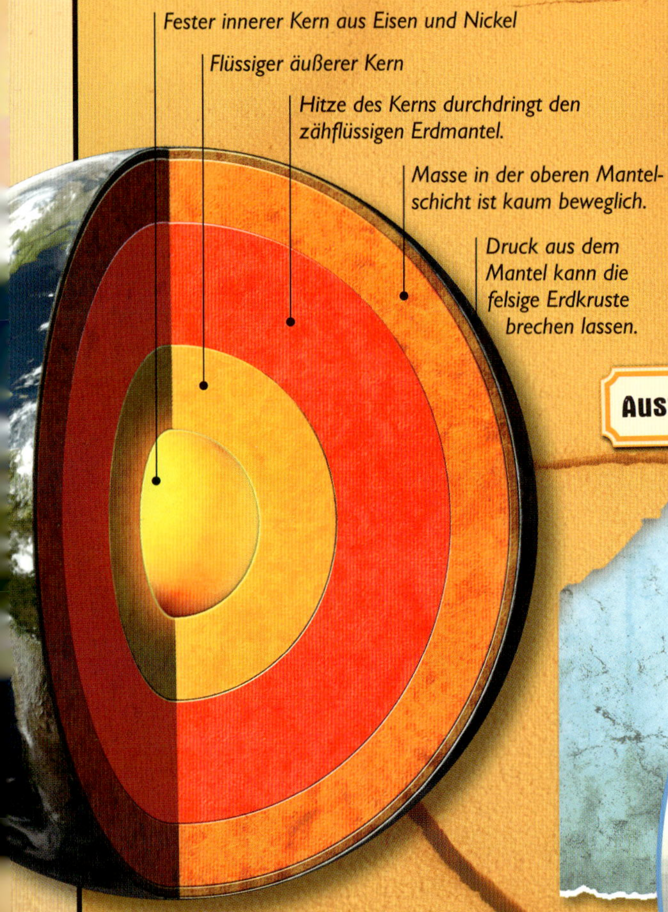

▲ Das Innere der Erde lässt sich in verschiedene Schichten aufteilen: Erdkern, Erdmantel und Erdkruste.

◀ Rauch entweicht aus einem Vulkanschlot in der Antarktis.

Wachsender Ozean

Im Atlantischen Ozean verbirgt sich die längste Gebirgskette der Welt – der Mittelatlantische Rücken. Der Felsgrat von 16 000 km Länge verläuft entlang einer Erdplattengrenze. Aus unterseeischen Vulkanen dringt Lava hervor, erstarrt und vergrößert die Platten, die dadurch auseinandergedrückt werden.

▶ Island ist von Brüchen und Rissen durchzogen, die dem Mittelatlantischen Rücken folgen.

◀ 2010 richtete Islands Vulkan Eyjafjallajökull ein Verkehrschaos an. Er spuckte Staubschwaden über den Nordatlantischen Ozean bis nach Europa. Die heftigste Staubfontäne war fast 11 km hoch und brachte den Flugverkehr weiträumig für über eine Woche zum Stillstand.

Insel aus Feuer und Eis

Island ist eine Insel der Extreme. Fast ganz von Gletschern bedeckt, wurde sie von aktiven Vulkanen auf dem Mittelatlantischen Rücken gebildet. In den letzten 2000 Jahren flossen hier ein Drittel aller Lavaströme der Erde.

Allmächtiger BERG

Die meisterklommene Route führt von Nepal aus über den südöstlichen Gebirgskamm.

Der Himalaja ist nicht nur das größte Gebirge über dem Meeresspiegel, er ist mit »nur« 50 Millionen Jahren auch eines der jüngsten. Der Mount Everest, höchster Berg des Himalajas und der Welt, ist in Tibet als Chomolungma und in Nepal als Sagarmatha bekannt.

Todeszone

In Höhen über 7900 m ist es lebensgefährlich. Es gibt zu wenig Sauerstoff und es ist bitterkalt. Wenn ein Bergsteiger stirbt, wird oftmals sein Körper auf dem Berg zurückgelassen und erst Jahre später geborgen und beerdigt.

Kletterer überqueren die tiefe Eisbruchspalte am Khumbu-Gletscher mit einer Leiter.

Khumbu-Gletscherspalte

Der tiefe Spalt am Khumbu-Gletscher muss mithilfe einer Leiter und Seilen überquert werden – eine gefährliche Stelle.

Basislager

Auf dem Khumbu-Gletscher (5400 m) stellen sich die Kletterer vor dem weiteren Aufstieg auf die Höhe ein.

Zeitleiste

1841
Sir George Everest, britischer Landvermesser, verzeichnet die Lage des sogenannten B-Gipfels.

1856
Die Höhe des B-Gipfels wird auf 8840 m berechnet.

1865
»Gipfel B« wird zum »Mount Everest«.

1924
Der erste Versuch, den Mount Everest zu besteigen, scheitert. Einer der Bergsteiger schafft es bis auf 8570 m.

1953
Edmund Hillary (Neuseeland) und Tenzing Norgay (Nepal) erreichen am 29. Mai als Erste den Gipfel.

2007
Katsusuke Yanagisawa, japanischer Lehrer im Ruhestand, besteigt den Everest im Alter von 71 Jahren.

Nachdem man jahrelang über die wahre Höhe des Mount Everest stritt, einigten sich China und Nepal auf 8848 m (inklusive einer Schneeschicht von 4 m). Die »National Geographic Society« hingegen geht von 8850 m Höhe aus.

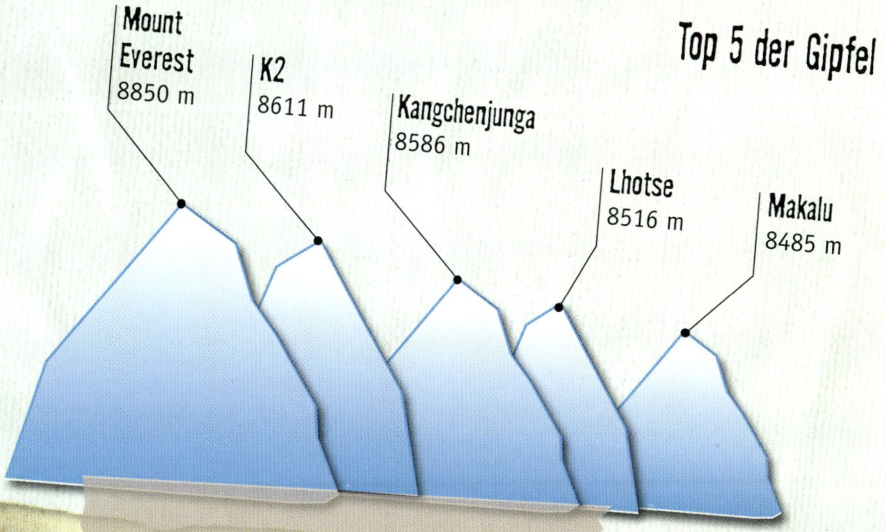

»Genfer Sporn«

Kletterer gelangen mithilfe von Halteseilen über diesen erhabenen schwarzen Felsen.

Was für ein Müll!

Der Mount Everest kann jetzt auch den Titel »Höchste Müllkippe der Welt« tragen. Touristen und Bergsteiger sind dafür verantwortlich. Sie lassen Plastikflaschen, Essensverpackungen, Zelte und sogar Sauerstoffflaschen einfach auf dem Berg zurück.

Kletterer benutzen Eispickel und Steigeisen – Metallspikes an den Stiefeln –, um senkrechtes Eis zu bezwingen.

Unter Druck: VULKANE

Ein Vulkanberg spuckt geschmolzenes Gestein, Asche und giftige Gase in die Luft. Die gewaltige Kraft einer Vulkanexplosion lässt die unglaublichen Temperaturen und den Druck erahnen, die im Erdinnern herrschen. Aber was genau muss passieren, damit ein Vulkan ausbricht?

▶ 1980 brach der Mount St. Helens in den USA aus. Der obere Teil des Vulkans (1400 m) wurde dabei weggesprengt.

Die Heftigkeit von Vulkanausbrüchen wird über den Vulkanexplosivitätsindex (VEI) von 0 – nicht explosiv – bis 8 – sehr groß – angegeben.

Lava

Geschmolzene verflüssigte Felsmasse nennt man Lava. Wie schnell sie fließt, ist abhängig von der Temperatur und den enthaltenen Mineralstoffen. Einer der schnellsten je gemessenen Lavaströme kam aus dem Nyiragongo-Vulkan im Kongo: Er verbreitete sich mit über 60 km/h.

◀ Glühende Lava fließt wie ein Fluss. Wenn sie das Wasser erreicht, beginnt es zu kochen.

Asche

Mit dem Ausbruch spuckt der Vulkan manchmal gewaltige Aschewolken, die tagelang in der Luft bleiben können. Als der Vesuv im Jahr 79 n. Chr. ausbrach, wurden 1,7 Millionen Tonnen Asche pro Sekunde aus dem Krater geschleudert. Die Aschesäule erreichte eine Höhe von 3,3 km, bevor sie zusammensank und den Boden mit einer erstickenden Ascheschicht überzog.

◀ Die gewaltige Kraft der Gasexplosion schleudert Aschewolken nach oben.

Vulkanausbruch

Vulkane brechen aus, wenn die Erdkruste dem Druck aus dem Erdinnern nicht mehr standhalten kann. Im Jahr 186 n. Chr. spuckte ein neuseeländischer Vulkan unfassbare 110 m^3 Felsen in einem der gewaltigsten Ausbrüche aus, die je verzeichnet wurden. Sein Krater ist heute der Tauposee.

Unter der Kruste

Im Erdinnern sammelt sich geschmolzenes Gestein (Magma) in Kammern. Durch Hitze und Druck wird das Magma durch dünnere Stellen in der Erdkruste nach oben gepresst.

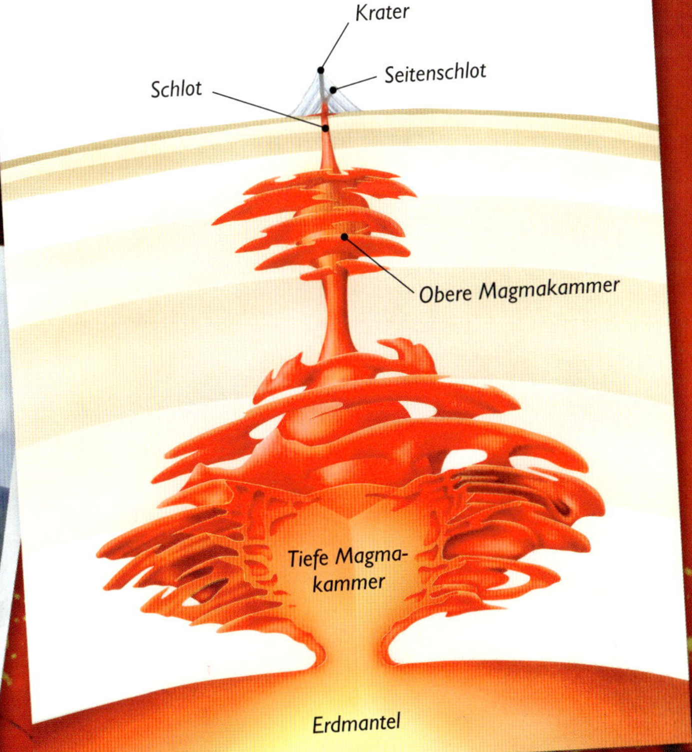

Krater

Ein Krater markiert die Öffnung des Schlotes. Nach dem Ausbruch erstarrt ringsum die flüssige Lava und schafft so die typische Kegelform eines Vulkans. Die Vulkane auf Hawaii gehören zu den aktivsten der Erde. Qualm und vulkanische Gase steigen aus ihren Kratern auf.

ECHT heiß!

An manchen Orten wird die extreme unterirdische Hitze an der Oberfläche spürbar. Das Wasser im Gestein beginnt zu brodeln und entlädt sich wie aus Düsen als kochend heißer Dampfstrahl in die Luft: ein Geysir. Sogar Schlamm kann anfangen zu blubbern!

Yellowstone

Ein Drittel aller Geysire der Welt findet man im »Yellowstone Nationalpark« in den USA: Hier gibt es 150 Geysire auf nur 2,5 km^2. Das gesamte Gebiet liegt rittlings auf einem Supervulkan. Während normale Vulkane Berge bilden, zersprengen Supervulkane sie in tausend Teile. Der letzte Ausbruch fand vor 640 000 Jahren statt und war bedeutend gewaltiger als der Ausbruch des Mount St. Helens im Jahr 1980. Noch immer heizt sich die Landschaft zum Teil auf über 200 °C auf und bildet wieder und wieder neue Geysire.

Old Faithful

Der bekannteste Geysir der Welt ist der »Old Faithful« im Yellowstone Park, USA. Durchschnittlich alle 85 bis 95 Minuten schießt er heißes Wasser und Dampf bis zu 55 m hoch in die Luft. So lange dauert es, bis seine unterirdische Kammer sich wieder mit Wasser gefüllt und erhitzt hat.

Der größte Geysir

Der Waimangu-Geysir in Neuseeland war der höchste, der je beobachtet wurde: Seine Fontänen sprühten bis zu 460 m hoch. Er entstand durch eine Vulkanexplosion im Jahr 1900 und existierte nur vier Jahre lang. 1904 wurden vier Touristen bei einem plötzlichen Ausbruch einfach weggerissen und starben.

▶ Der Old Faithful ist vermutlich der am besten erforschte Geysir der Welt.

▶ Rhesusaffen lieben die heißen Bäder so sehr, dass sie manchmal im Pool eindösen.

Affenbadewannen

In den Wasserbecken der heißen Quellen von Nagano in Japan machen die Affen es sich gemütlich. Während der frostigen Wintermonate lieben sie das heiße Bad.

Baumwoll-Burg

In Pamukkale – übersetzt »Baumwoll-Burg«– in der Türkei bilden heiße Thermalquellen eines der atemberaubendsten Wunder der Natur. Ihr mineralienreiches Wasser fließt den Berg hinab, Kalk und Mineralien verfestigen sich zu Stein und bilden Becken aus, in denen sich das blaue warme Wasser sammelt.

In einigen Vulkanregionen ist der Boden so heiß, dass er Schlammlöcher in kochende Becken verwandelt und Gase blubbernd an die Oberfläche steigen.

ERSCHÜTTERND

Obwohl Fels sehr fest ist, setzen die unterirdischen Bewegungen der Erde ihm zu. Riesige Felsmassen können brechen und Verwerfungen bilden, sie können sich übereinanderschieben und sich dabei verhaken oder auch aneinander vorbeirutschen. Diese Bewegungen bringen die gesamte Erdoberfläche zum Beben.

Verworfen?

Eine Verwerfung entsteht durch einen riesigen Riss im Gestein. Dabei entstehen zwei Teile, die langsam auseinandergleiten können oder zunächst liegen bleiben und sich dann ganz plötzlich voneinander lösen. Solche Bewegungen setzen eine Unmenge Energie frei, die sich in zerstörerischen seismischen Wellen niederschlägt.

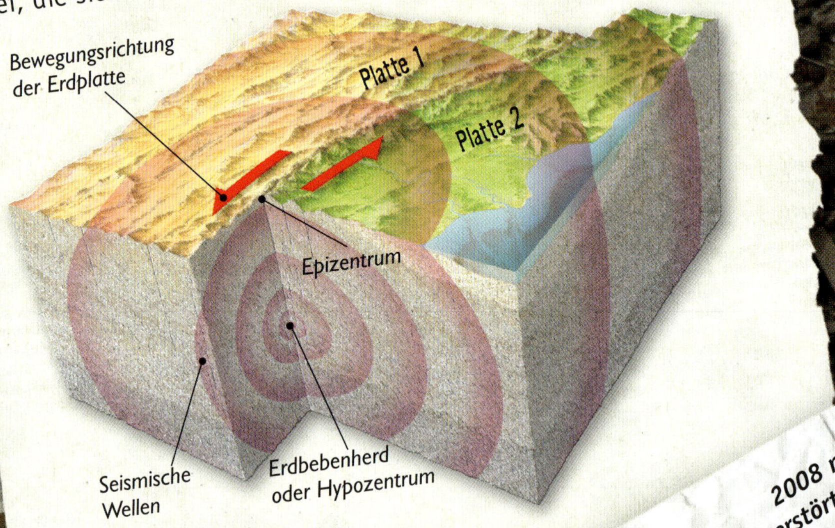

▲ Starke Bewegungen entlang von Verwerfungen können in besiedelten Gebieten verheerende Schäden anrichten.

Im Jahr 2010 verschob ein enorm starkes Beben in Chile die gesamte Stadt Concepción um 3 m nach Westen.

Totale Zerstörung

2008 mussten Einheimische über zerstörte Straßen das Erdbebengebiet Beichuan im Südwesten Chinas verlassen.

Eine Katastrophe

Das heftige Erdbeben in San Francisco 1906 folgte auf einen Bruch an der San-Andreas-Verwerfung.

Sicherheitsmaßnahmen

In einer Erdbebensimulation wird ein verlassenes Gebäude von Wissenschaftlern gesprengt, um einen »Sicherheitskäfig« für Menschen (rot) zu testen.

Erdbebenvorhersagen

Erdbeben gehören zu den zerstörerischsten Katastrophen; leider lassen sie sich bis heute kaum vorhersagen. Größere Sicherheit können aber erdbebensichere Gebäude, wie z. B. in Japan oder Kalifornien, bieten, die teilweise aus elastischen Materialien und auf stoßdämpfenden Fundamenten gebaut sind.

Tsunami

2004 verwüstete ein Tsunami im Indischen Ozean unter anderem die Phi Phi Inseln.

Gefährliche Seebeben

Tsunamis (Riesenwellen) entstehen durch plötzliche gewaltige Bewegungen entlang der Verwerfungen auf dem Meeresboden. Je näher der Küste diese liegen, umso größer ist die Gefahr einer alles zerstörenden Riesenwelle.

Die größten Flüsse

Der Amazonas entspringt in den Anden, wo sich Wasser aus den Bergen und Gletschern in seiner Quelle sammelt.

Der Quellfluss Urubamba fließt in den Ucayali, der wiederum als Zufluss dem Amazonas viel Wasser zuführt.

Über den Wasserfall des Jari-Flusses fließt Wasser aus dem Guayana-Hochland in den Amazonas.

Ein Nebenfluss mündet immer in einen größeren Fluss. Ungefähr 200 Nebenflüsse fließen in den Amazonas – mehr als bei jedem anderen Fluss auf der Welt.

Flüsse können ganze Felswände zerstören und sie zu Staub zermahlen. Sie sind so reißend, dass sie Millionen Tonnen Boden und Sand transportieren und elektrische Energie für ganze Städte liefern können. Es gibt lange Flüsse, breite und tiefe Flüsse, doch in jeder Hinsicht ist der Amazonas der größte von allen.

Top 5 der Flüsse

Der Nil gilt allgemein als etwas länger als der Amazonas. Wenn man die Wasserführung vergleicht, übertrifft der Amazonas jedoch alle anderen Flüsse bei Weitem. Während der Nil pro Sekunde 5100 m^3 Wasser ins Meer transportiert, sind es beim Amazonas 220 000 m^3. Mit dieser Menge könnte man eine Stadt 10 Jahre lang mit frischem Wasser versorgen!

In der Regenzeit bedeckt das Bett es Amazonas ca. 350 000 km^2 – eine Fläche so groß wie Deutschland. In der Trockenzeit schrumpft er um zwei Drittel.

Im träge dahinfließenden, trüben Wasser des Amazonas leben Flussdelfine. Sie fressen Fische und Krabben. Über ihr Verhalten ist nur wenig bekannt.

Das Wasser aus dem Amazonas versorgt den Regenwald, der 5 Millionen km^2 Land bedeckt. Das entspricht zwei Drittel der Fläche von Australien.

Der Amazonas transportiert jeden Tag 3 Millionen m^3 Sediment in den Ozean.

Land, das bei Hochwasser und in der Regenzeit regelmäßig überschwemmt ist, nennt man eine Au.

Waghalsige Surfer lieben die ungewöhnlich langen Flutwellen, die an der Mündung des Amazonas entstehen. Es gibt Wellen, die sich 10 km weit reiten lassen.

In der Regenzeit ist der Amazonas mit einem Mündungsdelta von ca. 40 km Breite der gewaltigste Fluss der Welt.

Im Amazonas fließen 20 % des gesamten Frischwassers der Erde.

Ewige EROSION

Auf unserem Planeten bleibt nichts lange, wie es war. Die Landschaft wird von Niederschlägen, Wind, Hitze und Kälte verändert, ausgehöhlt und ausgewaschen. Ein Menschenleben ist zu kurz, um diese Erosion wahrzunehmen, doch ihre Spuren umgeben uns eigentlich ständig.

▲ »Feenkamine« sind große Felssäulen, deren Spitzen aus härterem Gestein bestehen als der Rest der Säule.

Stark fließendes Wasser kann extrem enge Schluchten aus dem Fels herauswaschen.

▶ Die australischen »Teufelssteine« entstanden durch Sandstürme.

Steinformationen

In der Trockenheit verwirbeln Winde Sandkörner zu festen Formationen – in faszinierenden Ausformungen. Im Arches-Nationalpark in Utah, USA, ragen Felssäulen, riesige Felsbögen, Felsbrocken, die nur auf einer winzigen Fläche ruhen, und Tafelberge aus der sonst abgetragenen Landschaft.

Erosion durch Wasser

▼ Durch die ungeheure Erosionskraft des Colorado River entstand der Grand Canyon, eines der größten Naturwunder der Welt.

Der amerikanische Fluss Colorado ist der Gewinner in Sachen Erosion. Er legte sein neues Bett vor 17 Millionen Jahren an – ein »Augenzwinkern« in der Zeitrechnung der Geologie. Seitdem hat er einen Canyon von 446 km Länge ausgewaschen, der 29 km breit und an einigen Stellen mehr als 1,6 km tief ist. Er erreichte dabei Gesteinsschichten, die mehr als 2,5 Milliarden Jahre alt sind. Die enorme Kraft des Colorado entsteht durch sein Tempo und die großen Wassermassen sowie riesige Mengen Schlamm, Sand und Kies, die die Felsen glatt schleifen.

▶ Die bunten Felsen von Tasmanien sind von Wellen geformt und durch Mineralien eingefärbt.

Wellenbrecher

In Küstengebieten schlagen riesige Wellen an die Felsen und tragen sie ab. Die Ozeane haben nicht nur unglaubliche Kraft, ihr Wasser peitscht immer auch Sandkörnchen und Schlamm auf das Gestein, was die Oberfläche abschmirgelt. Mit der Zeit werden die Klippen unterspült, lösen sich und stürzen ins Meer.

Eisberge und Gletscher

In den kältesten Gegenden der Erde fällt zwar immer wieder neuer Schnee, er schmilzt aber fast nie. Schicht für Schicht presst er sich durch das eigene Gewicht langsam zu Eis. Enorme Eiszungen – die Gletscher – werden von der Schwerkraft langsam den Berg hinuntergeschoben und schleifen riesige Bahnen in die Landschaft.

▲ Riesige Eisbrocken fallen vom Perito-Moreno-Gletscher in den Lago Argentino, den größten See Argentiniens.

Eis-Kreislauf

Abhängig von Tageszeit, Jahreszeit und Temperatur, schmilzt Gletschereis ständig und gefriert wieder. Wenn mehr Eis gefriert als schmilzt, wächst der Gletscher – er dehnt sich aus. Wenn mehr schmilzt als gefriert, schrumpft der Gletscher. Man spricht dann von Gletscherschwund. In den letzten Jahrzehnten ist die Mehrzahl der Gletscher vom Gletscherschwund betroffen, was hauptsächlich auf den Klimawandel zurückgeführt wird.

Die meisten Gletscher bewegen sich sehr langsam vorwärts. Doch der Jakobshavn-Gletscher in Grönland hat ein erstaunliches Tempo: Er schafft am Tag ca. 20 m.

Eiszeiten

Das Weltklima verändert sich stetig. Extreme Klimaveränderungen, die zu Eiszeiten führen, sind nichts Ungewöhnliches. Vielleicht erleben auch wir gerade nur die warme Pause einer Eiszeit. In der letzten Eiszeit wurde so viel Wasser in Eis gebunden, dass der Wasserspiegel der Weltmeere um etwa 100 m abfiel.

▲ Ungefähr so sahen Landschaft und Tiere in der letzten Eiszeit vor über 10 000 Jahren aus. Den Tieren wuchsen dicke Felle zum Schutz gegen die Kälte. Das Wollmammut überlebte, weil es auf Flechten und Moose als Nahrung umstieg. Der Höhlenlöwe dagegen war ein erbitterter Jäger.

◀ Der gewaltige Hubbard-Gletscher mündet in den Golf von Alaska. Er hat sich in mehr als 100 Jahren langsam ausgedehnt.

Eisberge

Wenn Eisschilde und Gletscher die Küste erreichen, können riesige Teile einfach abbrechen. Sie treiben an der Oberfläche, da gefrorenes Wasser eine geringere Dichte hat als flüssiges. Nur 10 % dieser Eisberge sind sichtbar – für Schiffe eine große Gefahr! 1912 rammte das Passagierschiff »Titanic« einen gewaltigen Eisberg und sank. 1517 Menschen starben.

Die Eiskappe des Kilimandscharo in Afrika schmilzt so schnell, dass sie in 25 Jahren verschwunden sein könnte.

Das Kreuzschiff wirkt winzig vor dem gewaltigen Hubbard-Gletscher.

▼ Eine Pinguinkolonie fährt »per Anhalter« auf einem Eisberg mit. Sobald sie hungrig sind, springen sie zurück ins Wasser und jagen Fische.

Reise in den ABGRUND

Wasser, das von Kalkgestein tropft, kann eiszapfenförmige Stalaktiten bilden.

Tief verborgen in der Erde bildet die Natur in dunklen Gruben und Höhlen schauerliche, aber auch atemberaubende Kulissen. Mutige Forscher, die sich auf die Reise in diese Tiefen machen, werden häufig mit überwältigenden Anblicken belohnt.

▼ Dieser über 70 m tiefe Karsttrichter in Guatemala entstand durch starken Regen während eines Hurrikans.

Doppelter Boden

Saures Wasser kann tiefe Senklöcher auswaschen und einen Wasserfall bilden. Diese »Karsttrichter« können schlagartig entstehen, wenn poröses Gestein in eine darunterliegende Höhle stürzt. Die Folgen sind katastrophal, wenn Häuser oder Straßen in diesem Gebiet liegen.

▲ Wassertropfen auf dem Höhlenboden verdunsten – zurückbleibende Mineralien bilden über Tausende von Jahren aufrecht stehende Stalagmiten.

Tropfsteinhöhlen

Karstlandschaften bestehen überwiegend aus Kalkstein. Dort bilden sich die meisten unterirdischen Höhlen. Wasser sickert durch das Gestein, wird sauer und wäscht es aus. Verdunstende Wassertropfen hinterlassen Mineralien, die zu verschiedenen Tropfsteinen anwachsen können.

Höhlenforscher

Höhlen gehören zu den am wenigsten erforschten Orten der Erde. Es ist ein faszinierendes, häufig sehr gefährliches Abenteuer, neue Höhlen und Tunnel zu erforschen. Höhlenforscher müssen sich auf viele Gefahren gefasst machen: Einstürze, Unterkühlung, Abstürze, Überflutungen und den Verlust der Orientierung.

Die Mammut-Höhle in Kentucky, USA, ist mit 630 km das weitläufigste Höhlensystem der Welt.

▲ Höhlenforscher können sowohl auf enge, verzweigte Tunnel als auch auf beeindruckend weite Höhlen stoßen.

▼ In manchen Kalksteinhöhlen bilden sich riesige Mineralkristalle aus Aragonit.

Unterirdisch vermessen

Seit mehr als 30 Jahren kartografieren Forscher das Gunung-Mulu-Höhlensystem in Sarawak auf Borneo. Sie haben mit Lasergeräten Daten für über 320 km gesammelt. Im erforschten Gebiet entdeckten sie den größten unterirdischen Raum der Welt, die Sarawak-Kammer. Sie ist 700 m lang und 100 m hoch.

▼ Die riesigen Höhlen am Fuß des Berges Gunung Mulu in Malaysia wurden erst 1976 entdeckt.

Uralt

Kalkstein besteht überwiegend aus Kalziumkarbonat, das aus Muscheln und Skeletten von Meerestieren stammt. Diese sammelten sich über Millionen von Jahren auf dem Meeresgrund und verwandelten sich unter dem zunehmenden Druck in Gestein.

Verborgene Schätze

Die Erdkruste enthält einen ganzen Schatz an Mineralien, die für uns lebenswichtig geworden sind. Viele ganz alltägliche Stoffe wie Eisen, Öl, Gold oder das »Blei« (Grafit) in Bleistiften sind in der Erdkruste entstanden. Unter großer Anstrengung und mit hohem technischen Aufwand werden sie zutage gefördert.

Die meisten Metalle sind an der Luft fest, doch einige sind sehr reaktiv und kommen daher in der Natur nicht in ihrem reinen Zustand vor.

Im tiefen Wasser

Als 2010 die Bohrinsel »Deepwater Horizon« explodierte, kamen zehn Männer ums Leben. Außerdem verursachte die Explosion die größte Ölkatastrophe der Welt und fügte der Natur verheerenden Schaden zu. Die Bohrinsel sollte einen Ölvorrat in 1520 m Tiefe ergründen – eine Aufgabe, die technisch schwieriger ist, als den Mond zu erforschen.

▲ Bei der Explosion der »Deepwater Horizon« am 20. April 2010 liefen ca. 800 Millionen Liter Öl in den Golf von Mexiko.

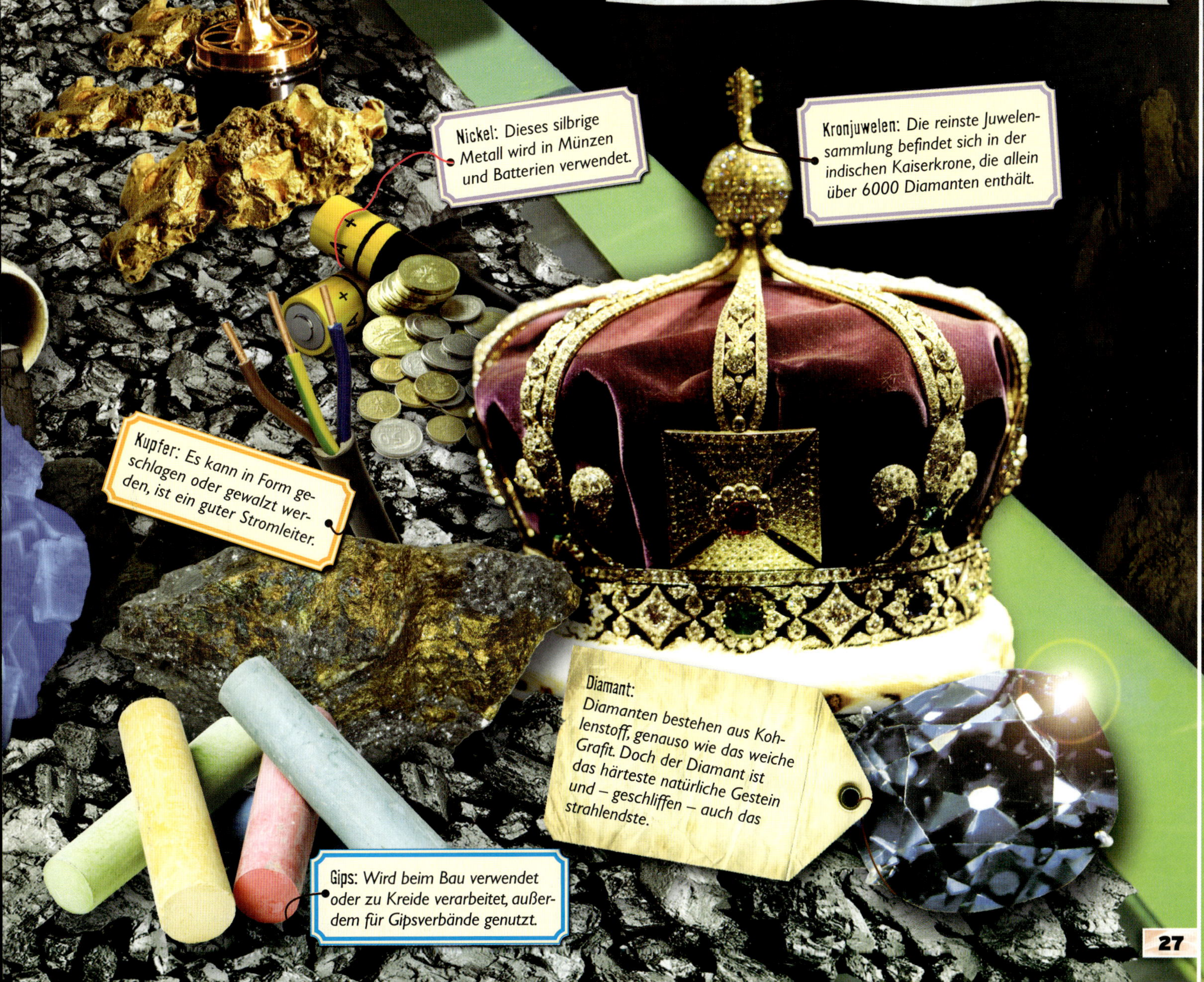

Blattgold: Gold lässt sich besonders leicht bearbeiten. Ein Gramm Gold kann zu einem Quadratmeter Blattgold geschlagen werden.

Nickel: Dieses silbrige Metall wird in Münzen und Batterien verwendet.

Kronjuwelen: Die reinste Juwelensammlung befindet sich in der indischen Kaiserkrone, die allein über 6000 Diamanten enthält.

Kupfer: Es kann in Form geschlagen oder gewalzt werden, ist ein guter Stromleiter.

Diamant: Diamanten bestehen aus Kohlenstoff, genauso wie das weiche Grafit. Doch der Diamant ist das härteste natürliche Gestein und – geschliffen – auch das strahlendste.

Gips: Wird beim Bau verwendet oder zu Kreide verarbeitet, außerdem für Gipsverbände genutzt.

In der TIEFSEE

Die Tiefsee ist ein geheimnisvoller Lebensraum, über den man noch sehr wenig weiß. In der dunklen Umgebung mit dem hohen Wasserdruck können nur wenige, sehr bizarre Geschöpfe überleben – darunter gigantische Tintenfische, deren Augen größer als unsere Köpfe sind, Fische, die im Dunkeln leuchten, und Würmer, die länger als Schlangen sind.

***Grimpoteuthis*-Krake**
Lebensraum:
Mittelatlantischer Rücken
Tiefe: 400–4000 m

Eine Reise auf den Meeresgrund

1960 gingen die beiden Forscher Jacques Piccard und Don Walsh auf eine gefährliche Reise. Ihr Tauchboot, die »Trieste«, brachte sie bis zu einer Tiefe von 10 900 m in den Marianengraben, den tiefsten Punkt der Ozeane. Seitdem wagte das niemand mehr – zum Mond, der 384 000 km entfernt ist, reisten dagegen bis heute zwölf Menschen.

Schnee und Schlamm

Die vielen kleinen Teile von Überresten toter Tiere und Pflanzen nennt man Meeresschnee. Sie sinken zum Meeresboden und lassen dort riesige, bis zu 450 m dicke Ablagerungen aus feinem Schlamm entstehen.

Das Tauchboot »DeepSee«
bringt bis zu drei Menschen in eine Tiefe von 460 m.

▶ Die mineralstoffreichen Geysire, die aus dem Meeresgrund sprudeln, heißen Schwarze Raucher und können bis zu 400 °C heiß werden.

Unterwasser-Oasen

Die meisten Tiere können in der Tiefsee nicht überleben, doch an einigen Stellen gibt es trotzdem Leben in großer Vielfalt. Tiefseespalten, in denen Vulkanhitze aus Rissen in der Erdkruste tritt, bieten einen Lebensraum für Napfschnecken, Krabben, Seesterne, Röhrenwürmer und Fische.

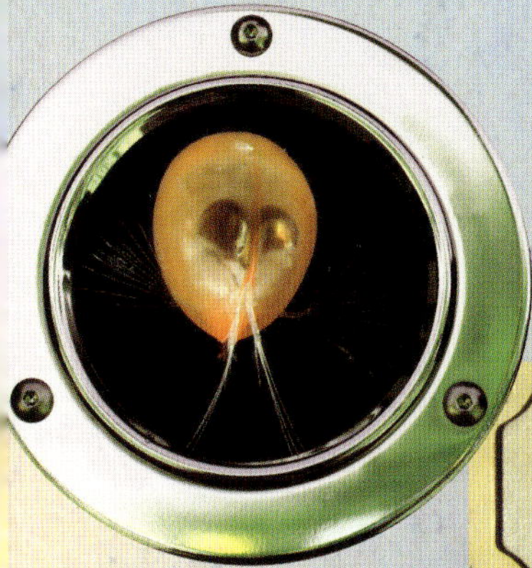

Riesen-Muschelkrebs
Lebensraum:
Mittelatlantischer Rücken
Tiefe: 720–1860 m

Die Zukunft

Die Erforschung der lebensfeindlichen Tiefsee bleibt eine große Herausforderung für die Wissenschaft. Die Technik macht es heute leichter: Ferngesteuerte Tauchroboter wie »Jason« und autonome Unterwasserfahrzeuge wie »Sentry« ermöglichen es den Wissenschaftlern, den Meeresgrund von einem sicheren Schiff an der Wasseroberfläche aus zu erforschen.

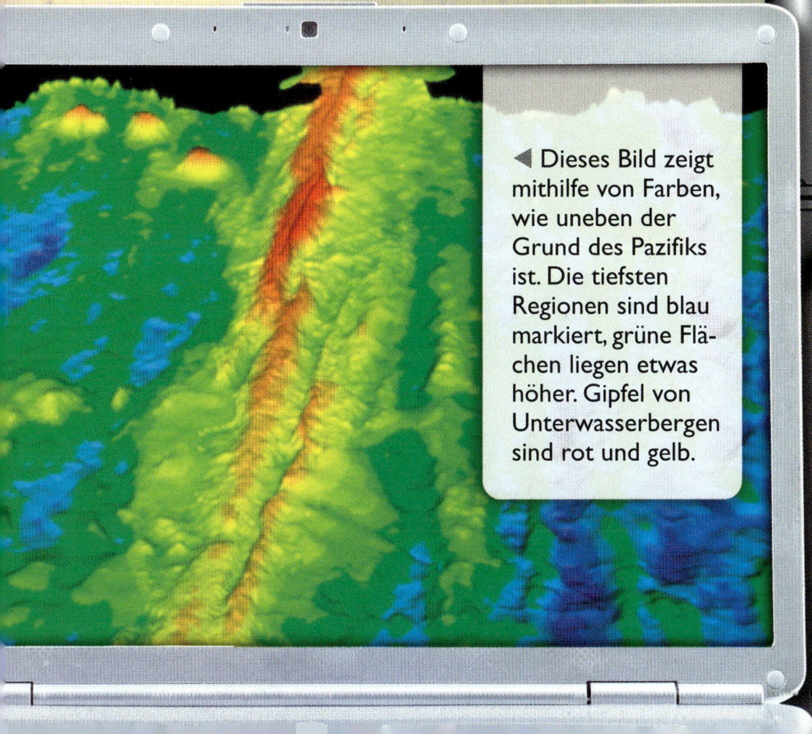

◀ Dieses Bild zeigt mithilfe von Farben, wie uneben der Grund des Pazifiks ist. Die tiefsten Regionen sind blau markiert, grüne Flächen liegen etwas höher. Gipfel von Unterwasserbergen sind rot und gelb.

Tiefseezonen

0 m

Helle Zone: Sonnenlicht durchdringt das Wasser. Pflanzen sind zur Fotosynthese in der Lage und können so verschiedene Lebewesen ernähren.

200 m

Dämmerungszone: Schwaches Licht dringt ins Wasser, doch es ist nicht mehr hell genug für die Fotosynthese.

1000 m

Dunkle Zone: In der nachtschwarzen Tiefe leben noch einige Tiere, so z. B. Schwämme, Schalentiere, Seegurken und Würmer.

4000 m

Abyssal: Je tiefer das Wasser wird, desto weniger Tiere können überleben. Sie sind in diesen Tiefen einem enormen Wasserdruck ausgesetzt.

6000 m

Hadal: Dies ist die geheimnisvollste Region der Erde. Hier leben einige sehr seltsame Lebewesen, über die nur wenig bekannt ist.

WILDE Stürme

Wind ist eigentlich nur Luft, die sich bewegt – und trotzdem können wir diese oft zerstörerische Kraft nicht kontrollieren. Wenn aus Wind ein kräftiger Sturm wird, kann er sich zu einem Hurrikan mit mehr als 800 km Durchmesser entwickeln – und großen Schaden anrichten.

◀ Ein Tornado saugt Dreck und Schotter an und wird so zu einem braunen Trichter aus Luft.

Am 3. April 1974 wurden die USA von ihrer bisher größten Tornado-Katastrophe heimgesucht. Bei 150 Tornados verloren 300 Menschen ihr Leben, 6000 weitere wurden verletzt.

Rasende Tornados

Tornados sind schlauchförmige Wirbelstürme, die entstehen, wenn warme, feuchte Luft auf kühle, trockene Luft trifft. Die senkrechte Luftsäule dreh sich blitzschnell um ihre eigene Ac se. Tornados können tödlich sein – dauern jedoch nie lange.

Aus einer solchen Wolke wie hier in Nebraska, USA, können in wenigen Stunden mehrere Tornados entstehen.

Immer bewegt

Luft bewegt sich, weil sie sich an manchen Stellen erwärmt und an anderen abkühlt. Warme Luftmoleküle besitzen mehr Energie und bewegen sich schneller als kalte. Wenn sich Luft schneller bewegt, dehnt sie sich aus und steigt nach oben. So entsteht das Wetter – und auch jedes Unwetter.

Sturmjäger

Die Tornado Alley in den Great Plains in den USA ist für ihre stürmischen Winde berühmt – und für die Sturmjäger, die sie oft aus purer Abenteuerlust verfolgen. Sturmjäger beobachten Wetterentwicklungen am Computer und suchen dann nach Stürmen. Eigentlich wollen sie ins Innere eines Sturms vordringen. Wenn ihnen das gelungen ist, bieten ihnen nur ihre Autos Schutz vor starken Winden, sintflutartigem Regen, Blitzen und riesigen Hagelkörnern.

Hurrikane

Die größten Stürme der Welt sind die tropischen Stürme: Hurrikane, Taifune und tropische Zyklone. Sie entstehen über dem Meer und können großen Schaden anrichten, wenn sie auf Land treffen. Die schlimmsten Hurrikane erreichen Windgeschwindigkeiten von mehr als 250 km/h. Sie können Meerwasser mitreißen und auf das Land zutreiben und Dächer von Häusern reißen.

Der Hurrikan Katrina traf am 29. August 2005 auf Land und verursachte eine Sturmflut, die die Stadt Gulfport im US-Bundesstaat Mississippi überschwemmte.

Im Jahr 1900 raste ein Hurrikan über die texanische Stadt Galveston hinweg und machte sie dem Erdboden gleich. 10 000 Menschen kamen in einer einzigen Nacht ums Leben.

Wetter-KAPRIOLEN

Katastrophale Unwetter kommen in biblischen Erzählungen wie in Sagen vor und werden oft als Strafe für Sünden gedeutet. Wissenschaftler bemühen sich jedoch, die tatsächlichen Ursachen dieser Vorgänge zu erforschen. Heute können sie durch seltene, aber ganz und gar natürliche Wettersysteme erklärt werden.

Wolkenkunst

Die Erforschung von Wolken nennt man Nephologie, und für viele Menschen ist sie eher eine Kunst als eine Wissenschaft. Die Massen in der Luft bestehen aus Wassertropfen oder Eiskristallen und können bizarre Formen annehmen. Manche Wolken sehen aus wie Pilze, Quallen oder Kringel!

◀ Solche rundlichen Quellwolken, Mammatuswolken genannt, hängen unter anderen Wolken und sind oft ein Anzeichen für drohende Gewitter.

Sonnenring

Dieses seltsame atmosphärische Phänomen entsteht durch Eiskristalle in hohen, dünnen Wolken. Die Kristalle spiegeln das Licht in einem strahlenden Ring. Dadurch entsteht ein Regenbogen, der sich um die Sonne zu legen scheint.

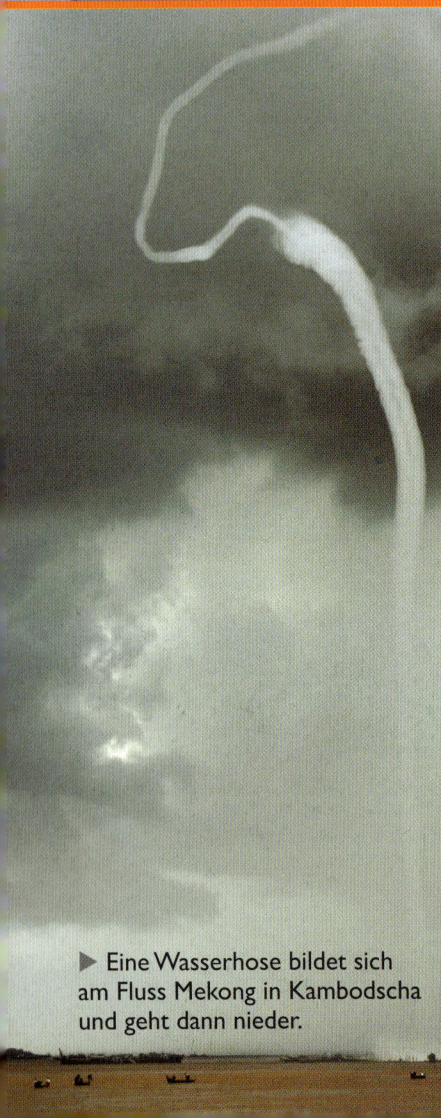

▶ Eine Wasserhose bildet sich am Fluss Mekong in Kambodscha und geht dann nieder.

Es regnet Fische und Frösche

Seit Jahrhunderten wird immer wieder berichtet, dass bei einem Gewitter seltsame Dinge vom Himmel fallen. Schuld an diesen wunderlichen Vorgängen sind Tornados oder Wasserhosen. Sie wirbeln Tiere – vor allem Fische oder Frösche – in die Luft, tragen sie über weite Strecken und lassen sie dann zusammen mit dem Regen fallen.

2003 fiel während eines Sturms in Aurora im US-Bundesstaat Nebraska ein Stück Eis mit einem Durchmesser von beinahe 18 cm vom Himmel.

◀ Ein beeindruckendes Bild: Ein Blitz fährt durch eine Säule aus Vulkanasche.

Blauer Mond

Wenn durch Waldbrände oder Vulkanausbrüche Ascheteilchen in die Atmosphäre wirbeln und sich dort mit Wassertropfen vermischen, sieht der Mond blau aus. Die Mischung aus Wasser und Staub bricht das Mondlicht, sodass ein blauer Nebel entsteht.

Teuflische Feuerkugeln

In jeder Sekunde schlagen auf der ganzen Welt ca. 100 Blitze ein und durchziehen den Himmel mit ihrer beeindruckenden elektrischen Energie. Unter ihnen sind die Kugelblitze aber eher selten. Sie können so groß wie ein Wasserball sein und durch Fenster und Wände schießen. Oft zischen oder explodieren sie sogar.

Blaue und rote Lichtblitze nennt man »Blue Jets« und »Kobolde«. Sie sind manchmal über Gewittern zu sehen. Vermutlich entstehen sie durch Blitze in den oberen Schichten der Atmosphäre.

▼ 2010 wurde im australischen Queensland eine Fläche überschwemmt, die größer als Deutschland und Frankreich zusammen war.

Sturzfluten

Überschwemmungen gehören zwar zu den häufigsten Naturkatastrophen der Erde, doch Sturzfluten überraschen uns immer wieder. Sie können entstehen, wenn nach starkem Regen oder der Schneeschmelze ein Deich bricht. Oft werden dabei große Flächen überflutet – vor allem in niedrig gelegenen Gegenden.

Eis-KALT

Weicher, flockiger Schnee macht eine Landschaft zu einer wunderschönen weißen Wildnis. Doch Schnee kann auch für Chaos und Zerstörung sorgen. Ob wütende Schneestürme oder gigantische Lawinen, die mit der Gewalt von Felsen ins Tal donnern: Die Kraft des Schnees sollten wir nie unterschätzen.

Im Winter 1998/99 fielen auf dem Mount Baker im US-Staat Washington insgesamt 29 m Schnee.

Was ist Schnee?

An kalten Orten – z. B. in der Nähe der Pole oder in großer Höhe – gefriert aufsteigender Wasserdampf in der Luft und bildet winzige Eiskristalle, die miteinander verkleben und Schneeflocken bilden. Die einfachste Schneeflocke ist ein sechsseitiges Prisma, doch es gibt auch viel kompliziertere Gebilde. Form und Größe hängen von der Temperatur, dem Druck und der Wassermenge ab, die in der Luft enthalten ist.

Ist jede Schneeflocke einzigartig?

Wahrscheinlich schon, aber wer will das je nachprüfen? Obwohl jedes Jahr mehrere Billionen Eiskristalle zu Boden fallen, ist es extrem unwahrscheinlich, dass darunter zwei absolut identisch sind.

Wie du in einer Lawine überlebst

Die Bergrettung hat ein paar einfache Tipps für das Überleben in einer Lawine parat:

- Informiere dich vorab über das Lawinenrisiko.
- Wenn du mit Skiern oder dem Snowboard unterwegs bist, nimm ein Lawinenverschütteten-Suchgerät mit, das ein Signal an Rettungsteams sendet.
- Vor einer Lawine kannst du nicht davonlaufen, vielleicht aber seitlich aus ihr herauskommen.
- Wenn du umgerissen wirst, halte dich an einem Baum oder einem Felsen fest oder stecke deinen Skistock in den Schnee.
- Von einer Lawine mitgerissen zu werden, ist wie in eine Stromschnelle zu geraten – der Schnee wird dich nach unten ziehen. Versuche, durch den Schnee zu »schwimmen« und in der Schneemasse nach oben zu gelangen.
- Wenn du zum Stillstand gekommen bist, schaufle den Schnee vor deinem Gesicht weg, damit du atmen kannst.
- Drücke deinen Arm nach oben, damit man dich sieht.
- Wenn du siehst, wie jemand von einer Lawine mitgerissen wird, so markiere die Stelle, an der du die Person zuletzt gesehen hast, damit du – oder das Rettungsteam – sie später leichter findest.

1949 tobten im Westen der USA sieben Wochen lang Schneestürme. In dieser Zeit starben über 100 Menschen und eine Million Rinder.

Whiteout

Ein Blizzard ist ein Schneesturm mit Winden über 50 km/h und einer Sichtweite von weniger als 200 m. In einem starken Blizzard oder »Whiteout« sieht man fast gar nichts mehr.

Wenn Hunderte Tonnen von Schnee einen Abhang hinunterrasen, können sie Bäume umreißen, Autos zerquetschen oder Häuser zerstören.

Lawinengefahr

Lawinenunglück

1999 entstand nach starkem Schneefall im französischen Chamonix eine Lawine mit über 300 000 m^3 Schnee. Der Schnee donnerte mit 100 km/h ins Tal, wo er auf ein kleines Dorf traf, Häuser zerstörte und deren Bewohner unter 100 000 Tonnen Schnee begrub. Zwölf Menschen kamen dabei ums Leben.

Am Ende DER WELT

Die Arktis ist ein zugefrorener Ozean, der von Kontinenten umgeben ist. Im Hochsommer ist es am nördlichen Polarkreis 24 Stunden lang hell. Im Winter gibt es mindestens einen Tag, an dem die Sonne überhaupt nicht aufgeht.

◀▲ Am nördlichen Polarkreis leben Polarfüchse und Eisbären. Häufig folgen die Füchse den Bären, damit sie sich von den Resten ihrer Beute ernähren können.

▲ Taucher dringen unter das Eis der Arktis vor und entdecken dort unbekannte Tiere und Pflanzen.

▶ Pinguine, Seehunde, Wale und Albatrosse sind in der Antarktis zu Hause. Der krebsartige Krill lebt im Südpolarmeer und gehört zu den am häufigsten vorkommenden Tieren der Welt.

Der Südpol liegt auf einem riesigen Kontinent, der Antarktis, unter der größten Eisdecke der Welt. Mit einer durchschnittlichen Fläche von 13,7 Millionen km² ist sie eineinhalbmal so groß wie die USA und enthält ungefähr 70 % der gesamten Süßwasservorräte der Welt.

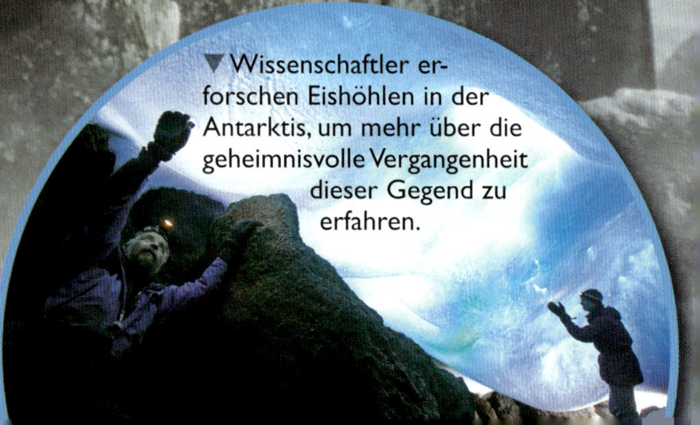

▼ Wissenschaftler erforschen Eishöhlen in der Antarktis, um mehr über die geheimnisvolle Vergangenheit dieser Gegend zu erfahren.

Eine Langzeitaufnahme zeigt die Mitternachtssonne und ihr Spiegelbild im Nordpolarmeer, wie sie sich fortzubewegen scheinen.

1958 fuhr ein U-Boot unter das zugefrorene Nordpolarmeer und bewies damit, dass die Eisdecke auf Wasser und nicht über Land liegt.

NORDPOL

SÜDPOL

In einigen Teilen der Antarktis bleibt die Sonne im Winter 105 Tage lang hinter dem Horizont. So liegt das Land in fast völliger Dunkelheit.

Im Winter wächst die Eisdecke ins Meer hinein und bildet dort Schichten, die man Schelfeis nennt. Oft brechen riesige Brocken ab und treiben als Eisberge davon.

Staub-
TROCKEN

Wüsten sind die trockensten Orte der Erde. Oft regnet es dort jahrelang nicht. Die Temperaturen sind meist extrem: die Tage heiß, die Nächte eiskalt. Auch die eisige Antarktis ist eigentlich eine Wüste. Diese staubtrockenen Regionen sind sehr karg – ohne Wasser können dort nur wenige Lebewesen überleben.

Die heißesten Orte der Welt

1. Al'Azîzîyah, Libyen 58 °C
2. Greenland Ranch, Death Valley, USA 56,7 °C
3. Ghadames, Libyen, und Kebili, Tunesien 55 °C

Wissenschaftler befürchten, dass Las Vegas in den nächsten 50 Jahren das Wasser ausgeht.

Die Wüstenstadt

Obwohl Wüsten schroffe und unwirtliche Gegenden sind, wurde eine der reichsten Städte der Welt mitten in einer Wüste errichtet: Las Vegas. In der Wüstenstadt leben 1,8 Millionen Menschen. Außerdem wird sie jährlich von 30 Millionen Touristen besucht. Der Pro-Kopf-Verbrauch liegt bei 1165 l Wasser am Tag. Die Stadt bezieht ihr Wasser aus dem nahe gelegenen See Lake Mead, doch die Vorräte können mit dem wachsenden Verbrauch der Stadt nicht mithalten.

Ein Habub, eine Wand aus Sahara-Sand und Staub, rast auf einen Markt im Sudan zu.

Sengende Sahara

Die gigantische Wüste Sahara, die in etwa so groß wie die USA ist, wächst immer weiter. Winde lassen dort Sandstürme und Staubteufel entstehen. Ständig bilden sich riesige Dünen, die bis zu 300 m hoch werden.

In Arica in der chilenischen Atacama-Wüste, fielen in 59 Jahren nur 0,75 mm Regen.

Brandheiß

Waldbrände oder Buschfeuer werden normalerweise von Menschen oder durch Blitzschlag verursacht. Entstehen sie in Gegenden, in denen es lange sehr trocken war, breiten sie sich blitzschnell aus. 1997 kamen in Indonesien nach einer lang anhaltenden Dürre plötzlich starke Winde auf – die Folge war ein Großbrand, der 7500 km² Land verwüstete.

◀ In Australien wüten pro Jahr etwa 15 000 Buschfeuer. Sie können sich in einer Stunde durch 20 km Natur hindurchbrennen.

Die trockensten Orte der Welt

Durchschnittliche Regentage

1 **Arica, Chile:** ein Regentag alle sechs Jahre

2 **Asyut, Ägypten:** ein Regentag alle fünf Jahre

3 **Oase Dachla, Ägypten:** ein Regentag alle vier Jahre

Tolle TIERE

Gehe auf Expedition ins Reich der Tiere und entdecke ihre Besonderheiten.

◀ Die leuchtenden Augen des Rotaugenlaubfroschs sind teilweise von einer dünnen Membran des Augenlids bedeckt: perfekte Tarnung bis ins letzte Detail.

Beweg DICH!

Ob sie nun Nahrung oder Unterschlupf suchen, vor Feinden fliehen oder sich paaren wollen: Tiere müssen sich bewegen. Abhängig von ihrem Lebensraum laufen, rennen, fliegen oder schwimmen sie. Doch einige Tiere bewegen sich auf ungewöhnliche Weise fort: Sie »fliegen« z. B. mit ihren Füßen!

Fortbewegung

Geparde, Hirsche, Strauße & Co.: Lange, schlanke Beine weisen darauf hin, dass ein Tier schnell rennen kann. Doch es gibt viele Arten, sich zu Fuß fortzubewegen: Kängurus, Heuschrecken und Flöhe hüpfen und einige Eidechsen und Käfer laufen sogar auf dem Wasser. Nur wenige Tiere sind jedoch echte Zweibeiner. Ein Orang-Utan kann zwar über einen Ast balancieren, aber nur wenige Tiere haben wie Menschen und Vögel die aufrechte Haltung eines echten Zweibeiners.

▲ Der Sifaka, ein großer Lemur auf Madagaskar, bewegt sich mit seitlichen Hüpfern fort. Mit den Armen hält er dabei das Gleichgewicht.

▲ Der Schlammspringer zieht sich mit seinen kurzen, armähnlichen Brustflossen durch den Matsch. Bei Gefahr katapultiert dieser bizarre Fisch seinen ganzen Körper in die Luft.

◀ Ihre Schwimmhäute ermöglichen Fröschen einen kräftigen Beinschlag. Doch die südostasiatischen Ruderfrösche benutzen ihre Schwimmhäute wie Fallschirme, um ihren Flug abzubremsen.

Notfall-Akrobaten

Es macht einen großen Unterschied, ob ein Tier richtig fliegt wie ein Vogel oder ob es irgendwo herunterspringt und nur ein paar Hautlappen verhindern, dass es in den Tod stürzt. »Fliegende« Eidechsen, Frösche und Schlangen fliegen nicht, sondern gleiten. Mithilfe von Hautlappen erzeugen sie einen Luftwiderstand und bremsen so den Fall ab. Indem sie sich drehen, können sie auch steuern. Und wenn es nicht so klappt wie geplant? Ein paar blaue Flecken durch den Aufprall sind immer noch besser, als gefressen zu werden!

Mit einer Geschwindigkeit von 105 km/h ist der Schwarze Marlin der schnellste Schwimmer der Welt.

▶ Basilisken kommen auch ohne Schwimmhäute über das Wasser. Sie rennen so schnell, dass sie gar keine Zeit haben unterzugehen.

Wassersport

Mit ihrer muskulösen Schwanzflosse können Fische sehr schnell werden – die schnellsten von ihnen, wie der Schwarze Marlin, haben eine steife, schmale, halbmondförmige Schwanzflosse. Die Form von Vogelflügeln erinnert an Flossen, und einige Vögel bewegen sich damit auch im Wasser fort. Eisvögel und Wasseramseln können für kurze Zeit sehr gut tauchen, Pinguine, die ja zu den Vögeln gehören, »fliegen« sogar nur noch unter Wasser.

▲ Mit seinen Flügeln steuert und bremst der Eisvogel unter Wasser. Er taucht punktgenau ins Wasser ein.

SUPER Sinne

Um uns herum gibt es mehr Lichtstrahlen, Geräusche und Gerüche, als wir uns vorstellen können. Viele Tiere können diese Eindrücke mit ihren erstaunlichen Sinnen aufnehmen. Einige von ihnen müssen sich ganz auf einen vorherrschenden Sinn verlassen – wenn man die Ohren einer Fledermaus oder die Nasenlöcher eines Ameisenbären verschließt, können sie nicht überleben.

▶ Der Große Ameisenbär riecht seine winzige Beute aus 45 m Entfernung.

Schnüffeln, schnauben, schnuppern

Ein Eisbär kann einen toten Seehund aus 7 km Entfernung riechen, ein Mensch erst aus 90 m. Bären, Wölfe und Hunde riechen viel besser als Menschen, weil sie über 200 Millionen mikroskopisch kleine Geruchsrezeptoren in der Nase haben (ein Mensch hat nur 5 Millionen). Diesen Geruchssinn brauchen sie nicht nur bei der Nahrungssuche. Ohne ihn würden Elefanten z. B. verdursten. Löwen markieren mit Duftstoffen ihr Revier, und viele Falter und Käfer sondern sie ab, um damit ihre Paarungsbereitschaft zu signalisieren.

▼ Mit ihren siebenblättrigen Fühlern spüren männliche Maikäfer Duftstoffe (Pheromone genannt) von Weibchen mehrere Kilometer weit auf. Diese Duftbotschaften sagen dem Männchen, dass das Weibchen paarungsbereit ist.

▲ Eine Fledermaus findet sich mithilfe der Echopeilung zurecht: Sie schreit und hört dann auf das Echo, um Dinge zu orten. Ihre großen Ohren helfen ihr dabei. Wenn die Ohren eines Menschen dem Größenverhältnis der Fledermaus entsprechen würden, wären sie größer als der Deckel einer Mülltonne!

Tier gegen Mensch

Nashorn Sieht 5-mal schlechter als wir und kann aus 90 m Entfernung nicht zwischen einem anderen Nashorn und einem Jeep unterscheiden. Sein Geruchssinn ist jedoch 10-mal besser als der des Menschen.

Adler Sieht mindestens 10-mal so gut wie wir und erkennt einen Hasen aus einer Entfernung von 3 km.

Fledermaus Ihr Gehör kann 10-mal schnellere Schwingungen aufnehmen als unseres. Sie hört sogar den Flügelschlag einer winzigen Mücke.

Motte Ihr Geruchssinn ist 10 000-mal so stark wie der des Menschen – sie kann Nektar aus einer Blüte riechen, die ein Mensch noch nicht einmal sehen kann!

Hört, hört!

Ein Geräusch, das für menschliche Ohren leise ist, kann für eine Eule extrem laut sein. Diese Tiere haben zahlreichere Mikrosensoren in ihren Ohren und bewegen den Kopf viel vorsichtiger, um möglichst viele Schallwellen aufzunehmen und so Dinge zu orten. Ohren befinden sich übrigens nicht immer am Kopf. Bei Grashüpfern oder Grillen sind sie an den Knien, manche Fische »hören« mit der Schwimmblase.

▲ Beute zu finden ist kein Problem für eine Springspinne. Sie hat zwei riesige Augen, mit denen sie bunt und detailliert sieht. Mit den übrigen sechs Augen erzeugt sie ein großes Gesichtsfeld und entdeckt Bewegungen.

Das Unsichtbare sehen

Tieraugen können infrarotes und ultraviolettes Licht sehen – beide liegen außerhalb des für Menschen sichtbaren Lichtspektrums. Vor allem Insekten nehmen diese unsichtbaren Wellenlängen wahr. Für eine Biene sind einfarbige Blütenblätter mit ultravioletten Linien übersät, die auf den süßen Nektar in der Blüte deuten. Auch manche Fische sehen mehr als wir. Piranhas nehmen das warme Infrarot eines Säugetiers wahr – und greifen dann an.

Der EKEL-FAKTOR

Manche Tiere tun widerliche Dinge, um Feinde abzuschrecken: Sie erbrechen sich, versprühen Kot, spucken oder verspritzen Blut aus offenen Blutgefäßen. Tischmanieren haben sie ebenfalls keine: Sie zerreißen das Fleisch und richten dabei ein wahres Blutbad an. Einige Tiere naschen auch gerne einmal ein wenig Kot.

Wenn die Krötenechse bedroht wird, spritzt eine blutige Flüssigkeit aus ihren Augen – über 1,5 m weit.

Eklige Verteidigung

Erbrochenes, Schleim, Urin, Kot, Spucke und Eiter können brennen, Infektionen hervorrufen und ganz gewaltig stinken. Einige Tiere schrecken mit ihren Körperflüssigkeiten Feinde ab. Die unschuldig aussehende Seegurke wirft einem Angreifer ihren klebrigen Darm entgegen, und einige Seevögel können sich zielgenau auf einen Feind erbrechen – bis zu 1 m weit.

▼ Die größten Echsen der Welt haben auch viel Appetit. Hier laben sich Komodowarane am fettigen Tran und dem mit halb verdauten Fischen gefüllten Darm eines toten Delfins. Männliche Komodowarane werden bis zu 3 m lang.

Fressorgie

Raubtiere und Aasfresser liegen immer auf der Lauer und warten auf eine üppige Mahlzeit. So wird ein sterbender Wal von Haien, Schwertwalen und Seevögeln verfolgt und ein kranker Elefant lockt Hyänen, Schakale und Geier an. Sobald ein Tier anzugreifen wagt, folgen die anderen und schnappen sich so viel sie können. Es folgt eine brutale und blutige Fressorgie, bei der sich die Tiere um ihren Anteil streiten.

Widerliche Nester

Tierbabys kommen oft in einer für Menschen widerlichen Umgebung zur Welt. So schlüpfen die Larven einiger parasitärer Wespen im Darm einer Raupe und fressen ihren Wirt dann bei lebendigem Leib. Die Larven des Mistkäfers schlüpfen in Kotkugeln und die Kaulquappen der Großen Wabenkröte entwickeln sich in der Rückenhaut ihrer Mutter. Einige Frösche erzeugen einen Schaum aus Speichel, Schleim, Sperma und Kot und legen ihre Eier dort hinein.

▼ Männliche Graue Baumfrösche drängen sich um ein Weibchen und erzeugen einen Schaum, in den das Weibchen seine Eier legt.

Ekliges Essen

Mist, Kot oder Exkremente sehen häufig unappetitlich aus und riechen auch so. Doch da die Verdauung der Tiere oft nicht besonders gut ist, enthalten Exkremente noch viele Nährstoffe. Mistfresser lieben frischen Kot, der noch nicht von Schimmel, Keimen und Fliegen verdorben ist.

▲ Dieser Truthahngeier verschlingt Seebär-Kot mit Fischstücken darin.

Brutale

JÄGER

Sie wurden geboren, um zu töten, und besitzen tödliche Waffen. Gnadenlos erlegen sie ihre Beute mit messerscharfen Zähnen und Krallen und verschlingen Fleisch, Knochen und Blut – bis nichts mehr übrig ist.

Wolfi – der Seewolf

Dieser Killer wurde zuletzt in den Gewässern des Atlantiks gesehen. Er ist 1,5 m lang, und sein auffälligstes Merkmal sind seine ca. 100 Zähne: vorne Reißzähne und hinten breite Mahlzähne bis weit in die Kehle hinein. Die typischen Opfer des Seewolfs sind Schalentiere, Seesterne, Krebse und Seeigel. Er zermalmt sie mit großer Kraft.

GESUCHT

Terminator – der Alligator

Nach dem 4,6 m langen Alligator wird gefahndet, weil er seine Beute unter Wasser zieht und ertränkt. Zu seinen Opfern zählen Schildkröten, Schlangen, Wasservögel und Säugetiere – sogar Hirsche. Achtung: Der Alligator ist mit bis an die 50 kegelförmigen Zähne bewaffnet. Nicht zu nahe kommen!

GESUCHT

2000 DOLLAR BELOHNUN

BEISSE
DER GRIZZLYBÄR

Der Grizzly ist e furchtbarer Jäger un aufrecht bis zu 3 m groß Er ist mit kräftigen Zähnen und Kiefern, tellergroßen Pranken und gebogenen Krallen bewaffnet. Zusammen mit dem großen Gewicht, seiner Kraft und Ausdauer bedeutet das: Niemand ist vor ihm sicher. Der Grizzly greift sogar Elche an und lässt nicht mehr los.

ZAHN – Die Gabunviper

Die Gabunviper wird bis zu 2 m lang. Immer wieder werden Mäuse, Ratten, Vögel und andere Kleintiere mit verräterischen Bissspuren tot aufgefunden. Dieser kaltblütige Jäger schlägt wie der Blitz zu, durchbohrt das Opfer mit seinen langen ausklappbaren Giftzähnen und spritzt sein tödliches Gift in dessen Körper. Dann wartet er auf den Herzstillstand des Opfers.

GESUCHT TOT ODER LEBENDIG

GRINSER – DER TIGERHAI

Der 3,5 m lange Tigerhai lauert in tiefen Gewässern und schlägt dann überraschend zu. Unter anderem zerfetzt dieser Jäger Fische, Tintenfische und Schalentiere.

SHERIFF

MEISTGESU

Dieser 2,4 m lange Jäger ist besonders hinterlistig. Er tarnt sich im hohen Gras, schleicht sich an sein Opfer heran und schlägt dann blitzschnell zu. Bewaffnet mit messerscharfen Reißzähnen, tötet er die Opfer durch einen Biss in die Kehle und zerreißt sie dann mit seinen scharfen, gebogenen Krallen. Die Größe der Beute interessiert ihn nicht: Gazellen, Antilopen, Ratten, Käfer – er tötet alles.

KRALLE – DER LÖWE

Paviane töten oft ihre Artgenossen, um Chef ihrer Gruppe zu werden.

Wirksame ABWEHR

Im Wald ist es fast dunkel und sehr still. Ein Tier verfolgt seine Beute. Es bleibt kurz stehen, bereitet sich auf den Angriff vor ... Hilfe! Plötzlich leuchten zwei riesige Augen im Dunkeln. Eine Raubkatze? Eine Schlange? Eine Eule? Nein, es sind Augenflecken, also falsche Augen – nur einer von vielen Verteidigungstricks von Tieren.

Igitt, wie eklig!

Schlecht schmeckendes oder sogar giftiges Fleisch schreckt Raubtiere nachhaltig ab. Wenn ein Jäger einmal ein solches Tier gebissen hat, prägt er sich seine Farben oder sein Muster ein und hält sich dann von allen ähnlich aussehenden Tieren fern.

◀ Die Schaumheuschrecke stößt widerliche Blasen aus ihren Atemlöchern aus und weist so auf ihren schrecklichen Geschmack hin.

Panzertiere

Manche Tiere sind weder schnell genug, um ihren Feinden zu entkommen, noch schmecken sie schlecht. Ihnen bietet ihr Körper Schutz. Krebse und Schnecken, aber auch Gürteltiere und Schuppentiere haben eine harte Schale und machen bei Gefahr einfach die Schotten dicht, bis die Luft wieder rein ist.

▶ In der Haut des Dreibinden-Gürteltiers befinden sich zahlreiche Knochenplatten. Der Panzer ist so biegsam, dass sich das Tier zu einer Kugel zusammenrollen kann. Angreifer haben keine Chance.

Auf den Flügeln der Laubheuschrecke *Pterochroza ocellata* sind riesige Augen zu sehen, die mögliche Angreifer erschrecken und verwirren sollen.

Tot stellen

Bei Gefahr wirft sich das Nordopossum auf die Seite, streckt die Zunge heraus und stößt aus seinem After eine übel riechende Flüssigkeit aus. Es stellt sich tot und wird deshalb nicht gefressen.

Hände hoch!

Tarnung ist eine fantastische Verteidigungsstrategie. Ein Tier, das sich farblich an seinen Lebensraum anpasst, kann einfach still dasitzen und hoffen, dass niemand es bemerkt. Und wenn doch, dann schüchtert es den Gegner ein: Es richtet sich auf, damit es größer wirkt, stellt seine Waffen zur Schau, macht Krach oder sieht ganz einfach furchterregend und ungenießbar aus.

Wenn die Tarnung der Gottesanbeterin auffliegt, streckt das Tier seine Furcht einflößenden stacheligen Vorderbeine aus. So wirkt es extrem gefährlich.

Jung und Alt

Warum leben Elefanten länger als Fliegen? Die beiden Tiere sind zwei entgegengesetzte Pole im Tierreich. Elefanten entwickeln sich langsam und kümmern sich sorgfältig um ihre wenigen Jungen. Fliegen dagegen werden nicht alt und produzieren viel Nachwuchs, um den sie sich aber nicht kümmern.

Labords Chamäleon

Dieses Chamäleon hat von allen vierbeinigen Wirbeltieren die kürzeste Lebenserwartung. Sein Lebenszyklus ist perfekt an die Jahreszeiten Madagaskars angepasst. Es lebt genau ein Jahr: acht Monate im Ei und vier Monate als Tier.

Salinenkrebs

Bevor ein Salzsee im Sommer austrocknet, legen erwachsene Krebse Eier, die eine harte Schale haben. Wenn es im Herbst zu regnen beginnt, kann die nächste Generation schlüpfen.

Eintagsfliege

Die Eintagsfliege verbringt ein bis zwei Jahre als Ei, Larve und Puppe im Wasser. Dann schlüpft sie, fliegt los, paart sich im Flug und stirbt – das alles in ein paar Stunden.

Arbeitsbiene

Da eine Arbeitsbiene Tag für Tag rund um die Uhr arbeitet, verschleißt ihr Körper schnell. Die Eier legende Königin wird dagegen bis zu fünf Jahre alt.

Ara

Einige Papageien können ein halbes Jahrhundert alt werden. Ihre Intelligenz – und ihre kräftigen Schnäbel und Krallen – helfen diesen Vögeln beim Überleben.

Elefant

Ihre Größe und ihr Gewicht schützen Elefanten vor Löwen und anderen Feinden. Da sie in Herden leben, können junge und schwache Tiere von den weiblichen Elefanten gut behütet werden.

Riesenschildkröte

Ein gemütliches Leben, der langsame Stoffwechsel eines Reptils, viel Nahrung, wenige natürliche Feinde und ein dicker Schutzpanzer sind die besten Zutaten, um ein hohes Alter zu erreichen.

Koi-Karpfen

Diese wertvollen und verwöhnten Zierfische sind beliebte Haustiere – nicht nur weil sie sehr alt werden, sondern auch wegen ihrer bunten Farben.

Venusmuschel

Dieses Schalentier lebt am längsten und vermutlich auch am langweiligsten – es verbringt sein ganzes Leben auf dem dunklen Meeresgrund.

Mahl-zeit!

In der freien Wildbahn wissen Tiere nur selten, wann sie das nächste Mal etwas zu fressen bekommen. Also stürzen sie sich gierig auf alles. Manche Tiere fressen bis kurz vor dem Platzen – wer weiß, wann es wieder etwas gibt?

▶ Der Brydewal verbringt den ganzen Tag damit, winzige Tiere wie Krill und kleine Fische aus dem Wasser zu filtern. Pro Tag kann er drei Tonnen fressen – so viel, wie ein Mensch in sieben oder acht Jahren isst.

▼ Weil der Afrikanische Ochsenfrosch keine Zähne hat, kann er eine Maus nicht zerbeißen. Stattdessen dehnen Frösche und Kröten ihre breiten Mäuler aus und verschlingen ihre Beute im Ganzen.

Alles auf einmal

Viele Tiere können sehr viel auf einmal fressen, zum Beispiel indem sie ihren Magen dehnen oder ihre Kiefer aushängen. Da Aasfresser und Feinde überall lauern, muss das Fressen schnell gehen. Nachdem die Schnellfresser ihr Mahl komplett verschlungen haben, ziehen sie sich zur Verdauung an ein sicheres Plätzchen zurück.

Tierische Vorratskammern

Einige Tiere heben Nahrung für später auf, damit sie bei Bedarf darauf zurückgreifen können. So vergraben Eichhörnchen Nüsse, Krokodile klemmen Gazellen unter Wasser zwischen Felsen ein, und Tiger bedecken tote Hirsche mit Blättern oder Erde. Diese klugen Tiere verhungern in Notzeiten nicht so leicht.

▶ Ein Leopard schleppt getötete Beute auf einen Baum – außer Reichweite von Schakalen und anderen Aasfressern.

▼ Diese Weißrückengeier schnappen sich die leckersten Stückchen einer toten Giraffe, bevor ein Rudel Hyänen sie vertreibt.

Aasfresser

Altes Fleisch enthält immer noch viele Nährstoffe, deshalb lockt ein großer Kadaver viele Aasfresser an. Die ersten (Geier) und die gefährlichsten (Hyänen) haben die beste Auswahl. Dann kommen rangniedere Aasfresser wie Schakale an die Reihe.

▶ Nach einer atemberaubenden Jagd schlägt der Seeleopard mit messerscharfen Reißzähnen zu. Er lässt sich den fettigen Tran und das Fleisch des Pinguins schmecken.

Der Todesbiss

Jedes Raubtier muss überlegen, welches Tier es angreift und wie es dabei vorgeht. Wenn ein Tier gerade gefressen hat, ist es meist zu träge, um ein anderes großes Tier anzugreifen. Auch wie fit ein Beutetier ist, studiert jedes Raubtier genau: Ist es stark und gesund oder (besser) zu jung, alt oder krank, um sich zu verteidigen? Der Angriff selbst muss schnell und präzise erfolgen, da in der freien Wildbahn auch eine kleine Verletzung den Jäger schwächen kann. Wenn alles passt, ist es Zeit für den Angriff.

Das perfekte **Tier?**

Jedes Tier hat sich hervorragend an seinen Lebensraum und seine Lebensweise angepasst. Doch manchen Tierarten ist das besonders perfekt gelungen. Wenn wir alle diese Eigenschaften in einem einzigen Tier kombinieren könnten – wäre dieses Tier dann der König des Tierreichs?

Katta: Schwanz

Mit dem Schwanz hält ein Katta nicht nur das Gleichgewicht, sondern er kommuniziert damit auch. So sprüht das Männchen eine stinkende Flüssigkeit auf seinen Schwanz und bedroht damit bei Revierkämpfen seine Gegner. Außerdem zeigt der Schwanz die Stellung in der Gruppe und lockt Partner an.

Gepard: Körper

Der Körper des schnellsten Landtieres ist schlank und geschmeidig, doch zugleich auch muskulös und beweglich – ideal, um damit jede Beute einzuholen.

Gerenuk: Hinterbeine

Diese schlanke und starke Antilope stellt sich auf die Hinterbeine, um Blätter an hohen Bäumen zu erreichen – dort, wo sonst fast niemand hinkommt.

Elefant: Ohren

Die größten Ohren der Welt hören auch sehr leise Töne. Wenn der Elefant sie bewegt, kann er Hitze abgeben und seinem Körper kühle Luft zufächeln.

Koboldmaki: Augen

Der Koboldmaki schnappt sich Falter und Fledermäuse. Seine riesigen Augen können schnelle Bewegungen erkennen und auch im Dunkeln hervorragend sehen.

Tiger: Maul

Mit seinen großen, scharfen Zähnen und dem kräftigsten Biss eines Landtieres verletzt der Tiger jedes Opfer sofort tödlich.

Nasenaffe: Nase

Diese auffällige lange Hängenase verstärkt die Rufe des Affen. Außerdem können Nasenaffen besonders gut riechen.

Giraffe: Hals

Die Giraffe kann nicht nur Futter erreichen, das für andere Landtiere zu hoch wächst, sie hat auch einen hervorragenden Überblick. So kann sie Raubtiere schon aus großer Entfernung wahrnehmen.

Känguru: Beine

Die Hinterbeine des Kängurus ermöglichen es ihm zu springen, ohne sich groß anzustrengen. Die Sprünge können bis zu 8 m lang und 4 m hoch sein.

Die Natur kann gut oder böse sein, wenn zwei Tiere verschiedener Arten zusammenleben. In einer Symbiose helfen die Partner einander, sodass beide von dieser Beziehung profitieren.

Dicke Freunde

Seeanemonen und Clownfische arbeiten harmonisch zusammen. Anemonen ernähren sich zwar von kleinen Fischen, die sie mit ihren giftigen Tentakeln lähmen, doch der Clownfisch ist durch eine Schleimschicht geschützt und wird in Ruhe gelassen. Er befreit die Tentakel der Anemone von Schmutz und Ungeziefer und lockt Beute für sie an. Die Anemone revanchiert sich, indem sie Feinde des Clownfischs abschreckt.

▶ Wenn der Clownfisch in der Anemone umherschwimmt, bewegt sich das Wasser. So kann die Anemone besser atmen.

▶ Ameisen drängen sich um die Blattläuse und »melken« sie, damit sie den süßen, zuckerhaltigen Honigtau absondern.

Freund und Feind

Manchmal sind Partnerschaften auch furchtbar einseitig. Einer profitiert, doch der andere wird verletzt, wie es bei Parasit und Wirt der Fall ist. Doch Parasiten müssen vorsichtig sein. Wenn sie zu gierig sind, stirbt der Wirt ganz aus und sie stehen ohne Wohnung und Essen da.

Lebendig aufgefressen

Zu den fiesesten Parasiten gehören Wespenarten, die ihre Eier in Raupen und andere Larven legen. Die Wespe lähmt die Raupe durch einen Stich, dann legt sie ihre Eier in ihr ab. Wenn die Wespenlarven schlüpfen, fressen sie den Wirt Stück für Stück auf.

▼ Die Raupe eines Tomatenschwärmers ist von parasitären Wespeneiern bedeckt. Sie wird einen langsamen Tod sterben, denn die Wespenlarven fressen sie auf, bis nur noch eine leere Hülle übrig ist.

Biete Nahrung, suche Schutz

Blattläuse sind winzig, weich und schutzlos – außer wenn sich eine Ameisenkolonie um sie kümmert. Während die Blattläuse den Pflanzensaft aufsaugen, halten die Ameisen Wache und schrecken Feinde wie z. B. Marienkäfer ab. Im Gegenzug trinken die Ameisen eine süße Flüssigkeit namens Honigtau, die die Blattläuse produzieren.

▼ Diese Impala wird von Rotschnabel-Madenhackern »geputzt«. Die Vögel beseitigen zwar Ungeziefer, picken aber auch in die Haut ihres Wirtes hinein – sie sind sowohl Helfer als auch Parasit.

Der Aufräumer

Der Madenhacker befreit alle möglichen Tiere von Ungeziefer: Antilopen, Gazellen, Giraffen, Zebras, Nashörner … Er entfernt Läuse, Flöhe und Zecken vor allem von schwer erreichbaren Stellen, ernährt sich aber auch von Blut aus offenen Wunden.

▶ Dieses Kuckuckskind ist schon viel größer als seine Pflegemutter, eine Heckenbraunelle. Da der Mutterinstinkt der Vögel so stark ist, merkt sie gar nicht, dass sie ein fremdes Kind füttert.

Kluger Kuckuck

Ein Brutparasit nützt zur Paarungszeit andere Tiere aus und jubelt ihnen seine Kinder unter. Das Kuckucksweibchen legt sein Ei in ein fremdes Nest. Sobald das Küken schlüpft, schubst es die anderen Eier aus dem Nest und lässt sich von seinen neuen Eltern füttern. Kuhstärlinge, Witwenvögel und Honiganzeiger machen es ebenso.

VORHANG auf!

Kampf um die Gunst

Den Partner zu beeindrucken, ist nur ein Teil der Angelegenheit. Gerade die Männchen müssen auch oft mit Rivalen konkurrieren und sie übertrumpfen.

Die meisten Tiere verhalten sich möglichst unauffällig, damit sie nicht gefressen werden. Doch manchmal müssen Tiere auf sich aufmerksam machen und sich von ihrer besten Seite zeigen, entweder um einen Partner zu finden oder um einen Rivalen oder Feind abzuschrecken.

Leuchten und blitzen
Weibliche Glühwürmchen sind flügellose Käfer und »glühen«, um ein geflügeltes Männchen anzulocken.

Verkleiden
Bei der Balz plustern männliche Kampfläufer ihren wunderschönen Kragen auf, stolzieren und schreien.

Treten und boxen
Ein Hasenweibchen »boxt« mit einem Männchen, um dessen Gesundheit, Schnelligkeit, Reaktionsfähigkeit und Kraft zu testen.

Aufblasen
Ein männlicher Fregattvogel bläst seinen Kehlsack auf, um zu zeigen, dass er ein attraktiver Partner ist.

Liebeswerben

Das Liebeswerben der Tiere ist viel mehr als ein schneller Flirt: Jeder Partner überprüft dabei, ob der andere stark und gesund ist und gute Gene weitergeben kann.

Rad schlagen

Ein Pfau schlägt ein Rad, um ein Weibchen zu beeindrucken. Je leuchtender die Farben, desto attraktiver wirkt der Pfau.

Füttern

Bei der Balz füttern sich zwei Bienenfresser und flattern dabei wie Schmetterlinge.

Aufblähen

Männliche Mützenrobben beeindrucken potenzielle Partnerinnen mit einem mützenartigen Aufsatz auf der Nase.

Flagge zeigen

Ein männlicher Anolis wirft seinen bunten Halslappen aus, um ein Weibchen anzulocken.

Kluge **KÖPFCHEN**

Frage: Was haben Schimpansen, Delfine, Tintenfische, Elefanten, Papageien, Hunde und Affen gemeinsam?

Antwort: Sie zählen zu den klügsten Tieren. Unter anderem können sie Werkzeuge benutzen, Probleme lösen und im Team zusammenarbeiten.

Der Schmutzgeier wirft einen Stein auf ein Straußenei, damit die Schale aufbricht und er das Innere fressen kann.

Werkzeuge verwenden

Viele Tiere haben unglaubliche Techniken erlernt, um sich Nahrung zu sichern, die sonst unerreichbar wäre. Der Schmutzgeier benutzt einen Stein wie einen Hammer, um Eierschalen zu knacken, und der Spechtfink fischt mit einem Kaktusstachel Larven aus Löchern. Doch der Schimpanse übertrifft alle. Er nagt einen Stock ab, damit er schmaler ist und leichter in den Termitenhügel eindringen kann. So angelt er sich Termiten.

Schimpansen sind geniale Termitensammler. Sie stecken einen Stock in einen Termitenhügel, ziehen ihn heraus und schlecken dann die Termiten ab.

Der Ader-Oktopus nutzt eine alte Muschelschale als Häuschen.

Problemlösung

Das Problem: Du hast einen weichen Körper – wie kannst du dich vor hungrigen Feinden schützen? Die Lösung: Leih dir einfach etwas als Körperschutz aus. Das macht z. B. der Einsiedlerkrebs. Er probiert leere Gehäuse von Wellhornschnecken an, bis ihm eines passt. Auch kleine Fische und Tintenfische ziehen in leere Muschelschalen ein.

Lagerplätze

Der Eichelspecht steckt Eicheln und andere Nüsse in eigens vorbereitete Löcher in der Baumrinde.

Delfine drängen Sardinen zusammen, damit sie sie besser jagen können. Dabei verständigen sie sich mit Klicklauten und Quietschern.

Beim Nestbau bilden Weberameisen Teams. Eine Gruppe hält die Blattränder mit den Kiefern zusammen, eine andere überwacht die Seidenproduktion der Ameisenlarven. Mit der Seide werden die Blätter dann »zusammengenäht«.

Dream-Team

Jedes Mitglied eines Tier-Teams kennt seine Aufgabe in der Gruppe. Ameisen folgen dabei nur wenigen einfachen Instinkten und müssen sich selten auf neue Situationen einstellen. Da es immer weniger Fische gibt, haben sich Delfine dagegen neue Methoden zur Nahrungssuche ausgedacht: Sie verfolgen Schleppnetze und schnappen sich Ausbrecher.

abcdef 2·2=4

Die Masse MACHT'S

Wenn eine Tierart in einer Gruppe zusammenlebt und -arbeitet, hat sie dadurch viele Vorteile, denn mehr Tiere haben auch mehr Möglichkeiten. Sie sehen mehr, haben mehr Waffen, um ihre Jungen zu beschützen, und mehr Zähne und Krallen, mit denen sie ihre Beute erlegen können.

Weite Wanderungen

Einige Tiere gehen jedes Jahr auf Wanderschaft. Gründe hierfür sind das Wetter oder ein Mangel an Nahrung zu bestimmten Jahreszeiten. Jedes Jahr zu Beginn der Regenzeit (Oktober – November) marschieren auf der Weihnachtsinsel Millionen roter Krebse ins Meer und legen dort ihre Eier ab.

Körpereinsatz

Eine Lücke im Weg stört eine ausschwärmende Ameisenkolonie überhaupt nicht. Die Tiere bauen einfach eine Brücke mit ihren Körpern. Sie schlingen die Beine umeinander, und andere Ameisen krabbeln darüber, sodass die Kette immer länger wird. Diese Ameisenbrücke kann mehrere Stunden bestehen bleiben. Manche Tiere sterben sogar, während ihre Kollegen über sie hinwegmarschieren.

Spürhunde

Durch Teamarbeit können Afrikanische Wildhunde Beutetiere erlegen, die über 20-mal größer sind als sie. Der Rudelführer sucht sich ein schwaches, junges oder altes Opfer aus, z. B. ein Gnu. Dann jagt das Rudel das verzweifelte Tier stundenlang, bis es so erschöpft ist, dass die Hunde es töten können.

Schaurige Schwärme

Damit sich Heuschrecken auch zahlenmäßig vermehren, müssen die Bedingungen einige Monate lang ideal sein. Dann bilden sie riesige Schwärme von mehreren Millionen Tieren, die ständig auf der Suche nach frischem Grünzeug sind. Oft vernichten sie die gesamte Vegetation in einer Region oder vertilgen die ganze Ernte.

Schon die kleinste Blutspur im Wasser löst bei Rotbauch-Piranhas einen »Blutrausch« aus. Mit Dutzenden messerscharfen Zähnen greifen sie urplötzlich an – oft mit tödlichen Folgen.

Seltsame Babys

Viele Tiereltern haben einen starken Beschützerinstinkt und riskieren ihr Leben, um ihre Jungen zu retten. Doch Eltern zu sein ist anstrengend, und manche Tiere müssen extreme Dinge tun, damit ihre Jungen überleben können. Einige Tierbabys werden in einem sehr frühen Entwicklungsstadium geboren, sind noch sehr schutzbedürftig und brauchen viel Pflege. Sie sehen ihren Eltern auch nicht ähnlich – manche Tierbabys sehen sogar richtig merkwürdig aus.

▼ Ein Pandaweibchen bringt nur ein Junges zur Welt, das mindestens zwei Jahre bei ihr bleibt. Wenn das Junge entwöhnt ist (nach einem Jahr), bleibt die Mutter oft tagelang weg und sucht nach Nahrung.

Miniatur oder Metamorphose?

Manche Tierbabys, wie z. B. kleine Seehunde oder Tiger, sind Miniaturversionen ihrer Eltern. Andere, wie z. B. Kaulquappen oder Raupen, verändern sich vom Schlüpfen bis zum Erwachsenenalter extrem. Diese Veränderung, Metamorphose genannt, ermöglicht es den Jungen, in einem anderen Lebensraum zu leben und anderes Futter zu fressen als ihre Eltern. So werden sie nicht zu Rivalen.

Rosa und nackt

Viele Säugetiere und Vögel sind bei ihrer Geburt rosa und nackt. Augen und Ohren sind noch geschlossen und sie können nur trinken und schlafen. Wenn die Jungen in einem Nest oder Bau geschützt sind, kann die Mutter sie alleine lassen und Nahrung suchen. Was Nahrung betrifft, sind die Jungen völlig auf sie angewiesen.

◀▲ Raupen schlüpfen nach vier Tagen aus den Eiern. Sie fressen große Mengen von Blättern, bevor sie sich verpuppen. Als Schmetterlinge ernähren sie sich dann von Nektar.

▼ Seehundbabys sehen genauso aus wie ihre Eltern, haben bei der Geburt jedoch einen Pelz. Sie ernähren sich von Muttermilch und wachsen schneller als andere Säugetiere ihrer Größe.

▶ Bei der Geburt hat ein Känguru weder Arme noch Beine. Trotzdem muss es sofort vom Geburtskanal der Mutter in ihren Beutel kriechen. Dann saugt es sich an einer Zitze fest und bleibt dort sechs Monate lang, bevor es zum ersten Mal den Beutel verlässt.

Zu früh geboren

Beuteltiere wie Känguru, Koala, Wombat oder Beutelratte werden in einem sehr frühen Entwicklungsstadium geboren. Zum Teil sind noch nicht einmal Augen oder Ohren zu erkennen, und ihre Gliedmaßen sind nur Hautlappen. Diese Winzlinge schaffen es, zum Beutel ihrer Mutter zu kriechen, sich mit ihrem noch kaum entwickelten Mund an einer Zitze festzusaugen und Milch zu trinken. Im geschützten Beutel durchlaufen sie dann dieselben Entwicklungsstadien wie andere Säugetiere in der Gebärmutter.

▶ Da das Nordopossum oft nicht genug Zitzen für alle seine Babys (unten) hat, müssen einige sterben. Wer überlebt, kann später einen Ausritt machen (oben).

Brillante Baumeister

Ob alleine oder in der Gruppe: Tiere errichten erstaunliche Gebilde. Dabei verfolgen sie immer einen Zweck: So soll ein Nest ihre Jungen beschützen, eine Brücke von A nach B führen und eine Falle Beutetiere fangen. Die Bauweise hängt davon ab, welche Baumaterialien in einem bestimmten Lebensraum zur Verfügung stehen.

Übergrößen

Einige Tiere errichten Bauwerke, die im Vergleich zu ihnen selbst riesig sind. Termiten sind nur so groß wie Erbsen, doch ihre Hügel können über 10 m hoch werden – auf den Menschen übertragen entspräche das einem 2,5 km hohen Wolkenkratzer. Andere Tiere bauen nach unten: In Texas, USA, schufen Präriehunde ein Tunnelsystem mit einer Ausdehnung von 60 000 km² und 400 Millionen Einwohnern – 20-mal größer als die größte von Menschen bewohnte Stadt.

Termite in Originalgröße

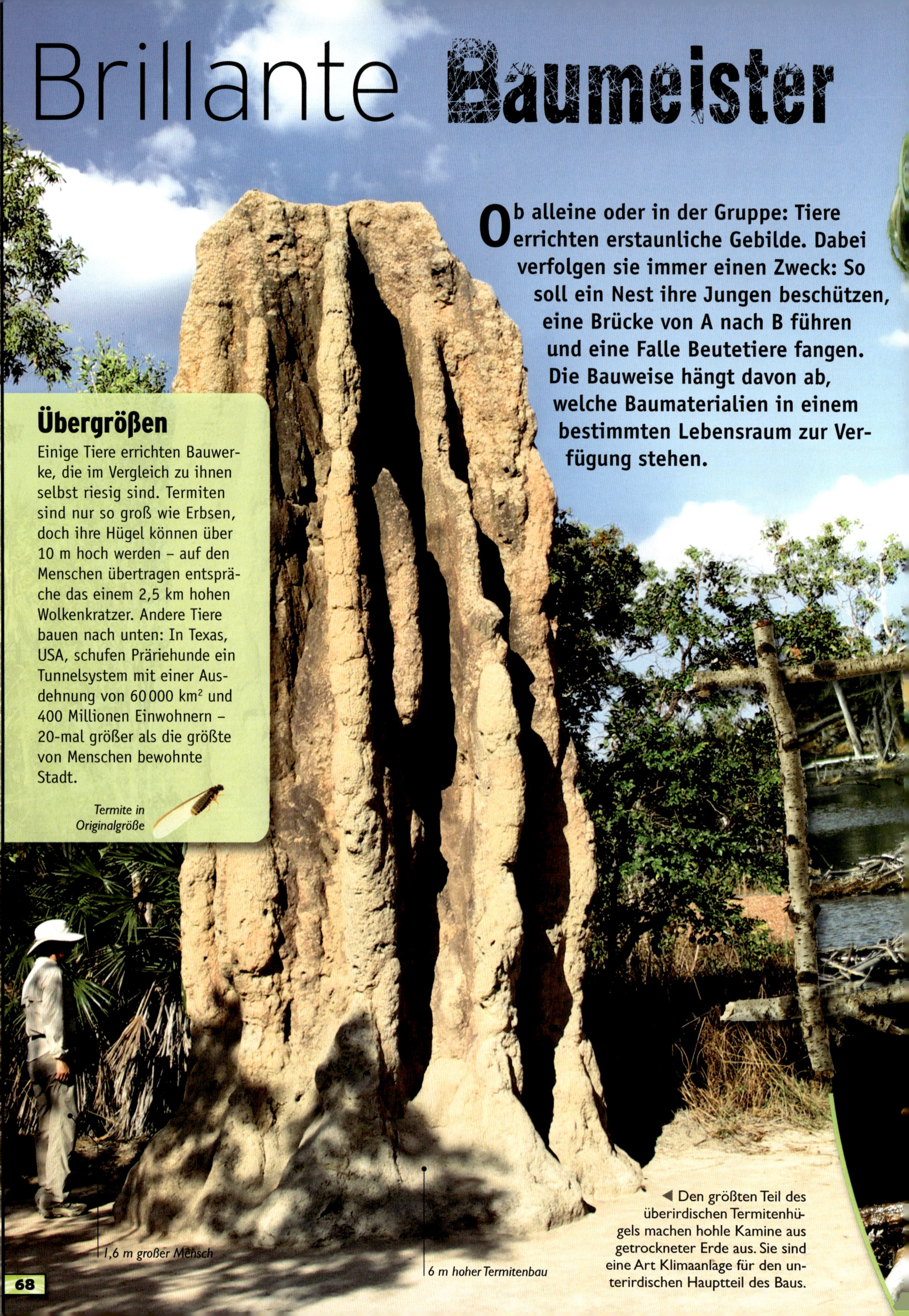

◀ Den größten Teil des überirdischen Termitenhügels machen hohle Kamine aus getrockneter Erde aus. Sie sind eine Art Klimaanlage für den unterirdischen Hauptteil des Baus.

◀ Der Maskenweber zerreißt Blätter und Grashalme und verknüpft sie sorgfältig zu einem kugel- oder flaschenförmigen Nest.

Perfekte Häuslebauer

Oft bewohnen Tiere ein Nest oder einen Bau nur für kurze Zeit – meist, um ihre Jungen dort großzuziehen. Ihr Verhalten wird von Instinkten gesteuert, doch ihre Technik wird besser, je mehr Übung sie haben. Nester können aus Materialien wie Gras und Schlamm bestehen, aber auch aus Federn oder der Wolle anderer Tiere.

▶ Das Nest der Zwergmaus ist kaum größer als ein Tennisball. Damit die Jungen geschützt sind, baut sie es hoch über der Erde zwischen Grashalmen.

◀▼ Ein Biberbau kann bis zu 20 m breit und 5 m hoch werden.

Eine feste Burg

Ein Biberbau ist ein festes Bauwerk aus Zweigen, Steinen, Ästen und Schlamm. Jede Bibergeneration fällt sorgfältig Bäume, nagt Äste ab und verstärkt das Gebilde, bis eine riesige Burg entsteht, in die nicht einmal Wölfe oder Bären eindringen können.

Super KRÄFTE

Schwergewicht

Elefanten können mit dem Rüssel Gewichte von bis zu einer Tonne heben – doch mit fünf Tonnen wiegt der Elefant auch selbst sehr viel. Die Stärke ist also besser einzuschätzen, wenn man das bewegte Gewicht mit dem Körpergewicht vergleicht – beim Elefanten ist das Verhältnis etwa 1:5 (beim Menschen bis 3:1).

◀ Elefanten sind die stärksten Landtiere, doch das liegt hauptsächlich an ihrer Größe.

Gewichtheber können mehr als das Dreifache ihres Körpergewichts heben, doch im Vergleich zu manchen Insekten ist das nichts. Auch in anderen Dingen sind wir Schwächlinge, z. B. beim Springen, Ziehen oder Beißen. Doch in einem sind wir spitze: als Alleskönner.

Das Wiesel ist der kleinste Fleischfresser der Welt – manche Tiere wiegen nur 30 g. Um zu überleben, müssen sie jeden Tag mindestens ein Drittel ihres Körpergewichts an Nahrung zu sich nehmen. Sie können sogar Kaninchen mit einem Gewicht von 1 kg töten.

Ein Mistkäfer kann das 30-Fache seines Körpergewichts heben.

▲ Mistkäfer können frischen Mist zu Kugeln rollen, die 50-mal schwerer als sie selbst sind.

Ameisen können das 50-Fache ihres Körpergewichts heben und diese Last viele Meter weit tragen.

Wohnkugeln

Das Mistkäferweibchen rollt Elefantenkot zu einer großen Kugel. Wenn die Kugel etwas härter geworden ist, teilt es sie in zwei kleinere Kugeln und legt in jede ein Ei. Dann vergräbt es diese mithilfe des Männchens. Sind die Larven geschlüpft, ernähren sie sich vom Kot.

Kräftig zubeißen

Die Beißkraft eines Tieres hängt davon ab, ob es beim Zubeißen wütend oder entspannt ist und ob es alle Zähne benutzt. Löwen, Hyänen, Haie und Schlangen haben einen starken Biss und können sogar Knochen zermalmen. Die stärkste Beißkraft aller Zeiten hatte jedoch der Dinosaurier Tyrannosaurus rex.

Ein Hai kann 60-mal kräftiger als ein Mensch zubeißen.

▶ Ein weißer Hai hat einen kräftigen Biss, doch die Schärfe seiner Zähne ist noch entscheidender, wenn er Fleisch und Knochen durchbeißt.

Siehst du mich?

Ein uralter Trick im Tierreich ist es, sich in Form, Farbe oder Muster der Umgebung anzupassen. Bei der Tarnung geht es um optische Täuschung und das Verschmelzen mit der Umgebung, damit einen der Feind nicht bemerkt – oder die Beute.

Ein abgebrochener Ast verdient keinen zweiten Blick. Das kommt dem Riesentagschläfer, der nachts jagt und tagsüber schläft, gerade recht.

So tun als ob

Tarnung hängt nicht nur von Farben und Mustern ab, sondern auch von Bewegungen. Es nützt nichts, wenn man perfekt an seine Umgebung angepasst ist, sich dann aber durch eine plötzliche Bewegung verrät. Deshalb müssen sich getarnte Tiere sehr vorsichtig bewegen. Ein Tier, das an einem Blatt hängt, muss sich gut festhalten, damit der Wind es nicht abreißt.

Der Kaiserspinner ist mit seiner Farbe und dem passenden Muster auf dem Waldboden hervorragend getarnt.

Damit die Tarnung des Blattschwanzgeckos nicht auffliegt, ahmt er die Bewegungen eines abgefallenen Blattes nach und bewegt sich im Wind.

Spähende Blicke

Manche Raubtiere tarnen sich nicht, sondern verstecken sich lieber. Waldfrösche, Wüstenkröten und Spinnen, die in der Erde leben, graben sich im Boden ein, sodass nur noch ihre Augen und Ohren herausschauen. So lauern sie auf Beute – oft stundenlang, bis ihr Opfer ihnen so nahe kommt, dass sie blitzschnell zuschlagen können.

Der Chaco-Hornfrosch vergräbt sich in der Erde und wartet auf vorbeilaufende Käfer oder Larven.

Nase und Augen der Zwergpuffotter sehen genauso aus wie der Wüstensand um sie herum. Wunderbar getarnt kann sie geduldig auf ihr nächstes Opfer warten.

Seine Farbe hilft dem Hai, sich seiner Beute unbemerkt zu nähern: Der dunkle Rücken ähnelt dem Meeresgrund, der blasse Bauch dem hellen Wasser an der Oberfläche. Dies wird als »Gegentönung« bezeichnet.

Lauernde Gefahr

Je größer ein Tier ist, desto schlechter kann es sich vor seiner Beute verstecken. Raubkatzen sind mit ihren Farben und Mustern perfekt an ihren Lebensraum angepasst und getarnt. Löwen sind gelbbraun wie das trockene Gras und die staubige Erde der Steppe. Die Streifen des Tigers machen ihn im Dickicht des Dschungels beinahe unsichtbar, vor allem in der Dämmerung, wenn er auf die Jagd geht. Leoparden und Jaguare halten sich gerne im Wald auf. Ihre Flecken ahmen die Schatten von Zweigen und Blättern nach.

Ein Löwe hält im afrikanischen Grasland Ausschau nach Beute und Feinden. Seine Farbe ist perfekt an die Umgebung angepasst.

Wer ist der Größte?

Überall auf der Welt gibt es riesige Tiere. Ein großes Tier kann Raubtiere meist schnell verjagen, es ist stark und kommt an Nahrung heran, die andere Tiere nicht erreichen. Andererseits brauchen die Riesen auch sehr viel Futter, um genügend Energie zu bekommen.

Blauwal
Größtes Tier aller Zeiten

32 m Länge
200 t Gewicht
3,5 t Nahrung pro Tag
6 t Gewicht der Zunge
600 kg Gewicht des Herzens
7,6 m Schwanzbreite
48 km/h Höchstgeschwindigkeit

Der größte Vogel
Der Strauß ist nicht nur der größte und schwerste Vogel, sondern auch der schnellste (70 km/h). Dieser riesige Vogel legt die größten Eier der Welt. Sie wiegen ca. 1,4 kg.

Der größte Affe
Seine Größe erlaubt es dem männlichen Gorilla, seine Gruppe erfolgreich zu verteidigen. Mit Angriffen, Brüllen und Trommeln auf die Brust schüchtert er jeden Gegner ein.

Das größte Beuteltier
Die Männchen des Roten Riesenkängurus haben einen kräftigen Schwanz und scharfe Krallen. Im Kampf um ein Weibchen »boxen« die Männchen gegeneinander und treten sich mit ihren Hinterbeinen.

Größter Fleischfresser an Land
Der Kodiakbär ist so groß, dass er andere Raubtiere einschüchtert. Seine seltenen Kämpfe gewinnt er aufgrund seiner Stärke und Größe fast immer.

Die größte Katze
Der Sibirische Tiger ist ein kräftiges, muskulöses Raubtier. Er schleicht sich an große Beutetiere wie Hirsche an – und tötet sie im Alleingang.

Größtes Landsäugetier

Wenn ein Afrikanischer Elefant wütend ist oder Angst hat, kann er alles und jeden platt machen. Seine Stoßzähne können bis zu 3 m lang werden.

Die größte Robbe

Ein gut genährter See-Elefant ist so schwer wie ein Land-Elefant. Zur Paarungszeit sammeln sich die sonst eher einzelgängerischen Tiere zu großen Kolonien.

Höchstes Landsäugetier

Der kräftige, muskulöse Hals der Giraffe ist so lang, wie ein Mensch groß ist. Sie kann damit ausholen und ihn wie eine Keule gegen Raubtiere einsetzen.

Geniale Forschung

Die Wissenschaft macht deutlich, wie faszinierend unser Kosmos ist.

◀ Im Visier des Raster-Elektronen-Mikroskops (REM): Die Augen einer winzigen Fruchtfliege sind jeweils aus ca. 800 Einzellinsen zusammengesetzt.

Explosionen

Nichts im Universum hat so viel Kraft wie eine Explosion. Felsen oder sogar ganze Sterne können dadurch plötzlich auseinandergerissen werden. Verursacht wird eine Explosion durch Gase, die sich unvermittelt ausdehnen, z. B. durch Hitze. Eine Supernova oder ein Vulkanausbruch sind natürliche Explosionen, doch auch von Menschen ausgelöste Explosionen können sehr heftig sein.

Sternenexplosion

Die größte Explosion im Universum ist eine Supernova. Mit ihr geht das Leben eines riesigen Sterns zu Ende. Supernovas sind unterschiedlich lange zu sehen und können so hell leuchten wie eine Galaxie mit 100 Milliarden Sternen.

▼ Der »Krebsnebel« ist der Überrest einer Supernova, die chinesische Astronomen im Jahr 1054 beobachteten.

Lass es krachen!

Wenn Ingenieure ein einzelnes Gebäude in der Stadt abreißen lassen wollen, müssen sie es implodieren (nach innen zusammenfallen) lassen. An ausgewählten Schwachstellen werden Sprengladungen angebracht und in einer bestimmten Reihenfolge gezündet.

▲ Beim Abriss dieses 18-stöckigen Wohnhauses in Schenyang, China, wurden die Sprengladungen sorgfältig angebracht.

Todesfalle

Landminen sind im Boden vergrabene Bomben. Sie enthalten einen Sprengstoff namens Trinitrotoluol (TNT). Ein Zünder – ein winziger Sprengkörper in der Mine – löst die Explosion aus, z. B. wenn jemand auf die Mine tritt oder nahe daran vorbeifährt. Dann rast eine kräftige Druckwelle durch die Mine und wandelt das TNT blitzschnell in Gas um. Dieses Gas dehnt sich gewaltsam aus und kann dabei furchtbaren Schaden anrichten.

Explosionskraft

Die Kraft einer Explosion wird oft mit der entsprechenden Menge TNT angegeben.

Explosion	Kraft
1. Große Handgranate	85 g TNT
2. Bombe aus dem Zweiten Weltkrieg	2,7 kg TNT
3. Bunkerbrechende Bombe	1 t TNT
4. Atombombe von Hiroshima	15 000 t TNT
5. Wasserstoffbombe	50 Millionen t TNT
6. Ausbruch des Vulkans Toba	85 Millionen t TNT
7. Supernova	1000 Billionen Billionen t TNT

▶ In diesem Steinbruch wird eine ganze Felswand durch eine Reihe gleichzeitiger Explosionen sauber weggesprengt.

Vulkangewalt

Der Vulkan-Explosivitäts-Index (VEI) stuft die Stärke von Vulkanausbrüchen auf einer Skala von 0 bis 8 ein. Der Ausbruch des Mount St. Helens 1980 in den USA hatte einen VEI von 5. Der Vulkan Toba in Indonesien brach vor über 70 000 Jahren mit einem VEI von 8 aus. Sein Ausbruch war 10 000-mal stärker als der des Mount St. Helens und zugleich eine der stärksten Explosionen auf der Erde überhaupt.

▼ Vulkanausbrüche sind die stärksten natürlichen Explosionen auf der Erde.

Felsexplosion

Um Felsen zu sprengen, wird meist Dynamit verwendet. Dieser Sprengstoff wurde von dem schwedischen Chemiker Alfred Nobel (1833–1896) erfunden und besteht aus Sägemehlstangen, die mit Nitroglyzerin getränkt und mit Papier umwickelt sind. Nitroglyzerin enthält so viel Sauerstoff, dass es leicht detoniert, wenn es erhitzt wird. Die Hitzequelle ist meist Strom, der durch einen Draht in der Dynamitstange fließt.

Chemische Knaller

Wenn eine Kerze brennt, Eisen verrostet oder ein Kuchen beim Backen aufgeht, findet eine chemische Reaktion statt. Das bedeutet: Chemikalien treffen zusammen und reagieren miteinander. Aber nicht bei allen chemischen Begegnungen geht es so freundlich zu.

Der menschliche Körper besteht aus über 100 Billionen Zellen, die ständig in chemische Reaktionen verwickelt sind. Jede Sekunde können mehr als 400 Milliarden chemische Reaktionen im Körper ablaufen.

Cola-Explosion

Wenn man ein Mentos-Kaubonbon in eine Flasche Cola wirft, schießt das Getränk plötzlich wie eine Fontäne in die Höhe. Das Bonbon reagiert nämlich mit der Cola, sodass Blasen aus Kohlendioxid entstehen, die die Cola so richtig zum Sprudeln bringen. Auch andere Substanzen verursachen solche Blasen in der Cola.

▲ Mentos-Kaubonbons haben eine raue Oberfläche, an der sich die Blasen bilden und zusammenschließen.

▲ Durch die Reaktion mit dem Sauerstoff in der Luft wird hartes Eisen zu blättrigem braunem Eisenoxid: Es rostet.

Säuregefahr

Starke Säuren sind gefährliche Chemikalien, da sie sehr heftig reagieren. Wenn Säuren mit Haut in Berührung kommen, können sie schreckliche Verätzungen hervorrufen, denn sie nehmen Wasser auf und erzeugen dabei große Hitze. Starke Säuren können sogar Metalle auflösen.

▶ Viele Raumfähren heben mithilfe von Starttriebwerken von der Erde ab. Sie enthalten genügend Festtreibstoff, um die Fähre ins All zu bringen. Wenn der Treibstoff verbraucht ist, werden sie abgeworfen und die Raumfähre setzt ihre Reise mit kleineren Raketen fort.

Raketenstart

Raketen werden durch einen riesigen Schwall heißer Gase ins All geschossen, die beim Verbrennen von Raketentreibstoff entstehen. Zum Verbrennen wird Sauerstoff benötigt. Normalerweise bezieht ein Feuer den Sauerstoff aus der Luft, doch Raketentreibstoff enthält seinen eigenen Sauerstoff oder ein Oxidationsmittel. Deshalb funktionieren Raketen auch im All, wo es keine Luft gibt.

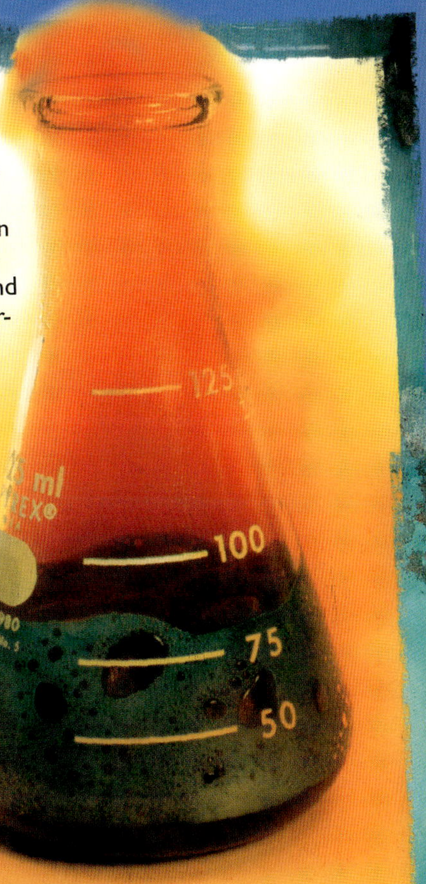

▶ Wenn Salpetersäure mit Kupfer reagiert, entstehen braune Stickstoffdioxid-Dämpfe und eine grüne Kupfernitrat-Lösung.

Kupfer auflösen

Wenn man Salpetersäure auf Kupfer gießt, ruft dies eine heftige Reaktion hervor. Das Kupfer löst sich auf und lässt eine dunkle, grünbraune Kupfernitrat-Lösung und braune, giftige Stickstoffdioxid-Dämpfe entstehen. Mit Wasser verdünnt, wird die Lösung tiefblau.

Feuerwerk

In Feuerwerkskörpern wird Schwarzpulver verbrannt: eine Mischung aus Holzkohle, Kaliumnitrat und Schwefel. Holzkohle ist der Treibstoff, das Nitrat spendet den Sauerstoff und der Schwefel sorgt für eine gleichmäßige Reaktion. Der »Knall« entsteht, wenn das Papier um das Pulver herum durch die heißen Gase zerrissen wird.

▼ Zusätzliche Chemikalien geben dem Feuerwerk seine Farben.

Lithiumsalze leuchten rot.

Kalziumsalze strahlen orange.

Kupferverbindungen brennen blau.

Bariumverbindungen leuchten grün.

Eine Mischung aus Strontium und Kupfer brennt lila.

Wunder**STOFFE**

Naturmaterialien wie Diamanten oder Seide sind oft unglaublich widerstandsfähig. Doch in Laboren entstehen künstliche Stoffe, die sehr leicht oder extrem stark sein können – und manchmal sogar beides.

◀ Die starken Kohlenst
fasern in CFK können
Druck abfangen. Da C
sehr stabil, gleichzeiti
aber auch biegsam is
hebt der CFK-Stab ei
Stabhochspringer wei
nach oben.

Kohlenstoffkraft

Kohlenstofffaserverstärkter Kunststoff (CFK) besteht aus Kohlenstofffasern, die in Plastik eingeschlossen sind. Das Plastik macht CFK sehr leicht, die Fasern sorgen dafür, dass CFK stark und biegsam ist: perfekt für den Stab eines Stabhochspringers. Eine solche Mischung aus Kunststoff und Kohlenstoff nennt man »Kompositkunststoff«.

Kohlenstofffasern sind viermal stärker als Stahl, wiegen jedoch nur ein Viertel so viel.

Hitzebeständig

Aerogele sind extrem leicht. Ihre Basis sind Gele: geleeartige, nahezu flüssige Stoffe. Bei der Herstellung von Aerogelen wird die Flüssigkeit durch Gas ersetzt. Dadurch werden Aerogele nicht nur wunderbar leicht, sondern auch zu einem sehr guten Hitzeschutz.

▶ Aerogele verhindern, dass die Hitze der Flamme die Blüte erreicht.

▶ Bei der Mission LCROSS ließ man eine Rakete mit einer Spitze aus Wurtzit-Bornitrid in den Mond einschlagen. Wissenschaftler analysierten den Staub, den sie aufwirbelte.

Die absolute Härte

Wurzit-Bornitrid ist das härteste Material der Erde – noch härter als Diamanten. Es ist sehr, sehr widerstandsfähig, extrem teuer und wird z. B. bei Ölbohrern oder bunkerbrechenden Bomben verwendet.

Starkes Titan

Legierungen entstehen durch die Zugabe von anderen Stoffen zu einem Metall. Harte und leichte Aluminium-Magnesium-Legierungen werden z. B. im Flugzeugbau verwendet. Doch die Hitze von Düsenjets kann für Aluminium-Legierungen zu viel werden. Deshalb bestehen die schnellsten Jets wie die »F-22 Raptor« meist aus Titan-Legierungen.

▲ Mit ihrem Rumpf aus einer zwar leichten, aber extrem starken Titan-Legierung wird die »F-22 Raptor« bis zu 2400 km/h schnell.

▶ Die »Seabreacher« ist ein Tauchboot aus Kevlar. Sie ist so leicht und stark, dass sie wie ein Delfin aus dem Wasser schießen kann.

Die stärksten Fäden

1961 entdeckte die Chemikerin Stephanie Kwolek (*1923), wie man aus flüssigen Chemikalien wie Öl Fasern spinnen kann. Diese Kunststofffasern sind erstaunlich stark – Fäden aus Kevlar sind sogar fünfmal stärker als Stahl. Kevlar ist sehr vielseitig und wird u. a. für Fahrradreifen, die keine Löcher bekommen, oder zur Verstärkung von Seilen bei Hängebrücken verwendet.

▶ Kevlar-Fasern sind für ihr Gewicht unglaublich stark. Deshalb werden daraus stich- und schusssichere Westen gemacht.

Eis-KALT

Der Gefrierpunkt – die Temperatur, bei der Wasser zu Eis wird – kommt uns schon ziemlich kalt vor. Dabei wird es in Sibirien oder in der Antarktis noch viel kälter. Doch gegen manche Orte in unserem Sonnensystem wirkt selbst die Antarktis noch warm. Und im Labor können Wissenschaftler Temperaturen erzeugen, bei denen sogar Atome beinahe einfrieren.

1 Am allerkältesten

Die kälteste mögliche Temperatur ist der absolute Nullpunkt. Er liegt bei 0 Kelvin oder -273,15 °C. Bei dieser Temperatur haben Atome keine Energie und schwingen nicht einmal.

3 Eiskalter Bumerang

Temperaturen nahe dem absoluten Nullpunkt lassen sich nur im Labor erreichen, doch an mindestens einem Ort im Universum ist es immerhin fast so kalt: In den Gasströmen des Bumerangnebels herrscht eine Temperatur von -272,15 °C (1 K).

2 Kälterekord

2003 kühlten amerikanische Wissenschaftler Natriumgas in einem Magnetbehälter auf die kälteste Temperatur, die auf der Erde je erzeugt wurde: ein halbes Nanokelvin – nur ein halbes Milliardstel über dem absoluten Nullpunkt.

Genau gemessen

Die Temperatur wird im Alltagsleben in Grad Celsius (°C), in den USA in Grad Fahrenheit (°F) angegeben. °F kann man mithilfe einer einfachen Formel in °C umrechnen: 32 abziehen, durch 9 teilen und mit 5 multiplizieren. Und umgekehrt: geteilt durch 5, mal 9, plus 32. Wissenschaftler verwenden am liebsten die Einheit Kelvin, die eigentlich identisch mit Celsius ist, aber einen anderen Ausgangspunkt hat: 0 °C bezeichnet den Gefrierpunkt von Wasser, 0 K (oder -273,15 °C) dagegen die niedrigste mögliche Temperatur.

Eine coole Sache

Stoffe existieren normalerweise in einem von drei Aggregatzuständen: Je nach Temperatur sind sie gasförmig, flüssig oder fest. Doch bei einer Temperatur von 17 Nanokelvin können Wissenschaftler Gase in einen anderen Zustand namens Bose-Einstein-Kondensat (BEK) bringen. In einem BEK haben Atome so wenig Energie, dass ein einfallender Lichtstrahl fast bis zum Stillstand abgebremst wird.

▶ Ultrakalte Rubidiumatome kondensieren kurz zu einem BEK und verdunsten dann wieder.

In diesem Behälter wurde Helium so lange gekühlt, bis es flüssig wurde.

▶ In der Antarktis herrschen die kältesten natürlichen Temperaturen der Erde.

6 Eisstation

Die kälteste Außentemperatur aller Zeiten betrug -89,2 °C und wurde am 21. Juli 1983 an der russischen Wostok-Station in der Antarktis gemessen.

4 Flüssiges Helium

Helium bleibt auch bei sehr niedrigen Temperaturen gasförmig. Erst bei 4 K (oder -269 °C) verflüssigt es sich.

7 Brrrr!!!

Am 6. Februar 1933 sank die Temperatur im sibirischen Oimjakon, einer der kältesten Städte der Erde, auf bitterkalte -67,7 °C.

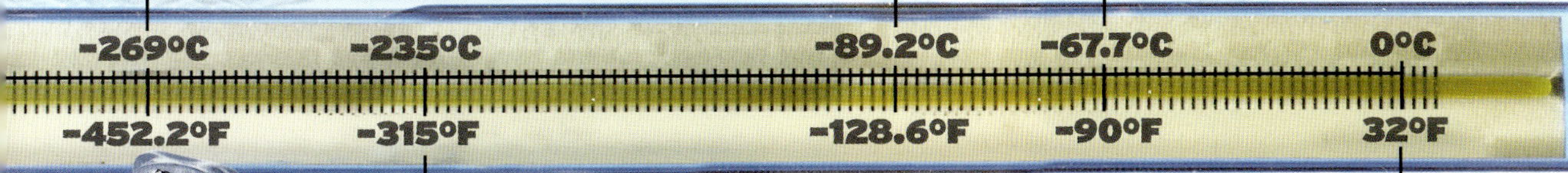

5 Eismond

Der kälteste Ort des Sonnensystems ist der Triton, ein Mond des Neptuns. Er ist so weit von der Sonne entfernt, dass ihn ihre Hitze nicht erreicht. Seine Oberflächentemperatur beträgt -235 °C.

▼ Wasser ist einzigartig, denn es dehnt sich aus, wenn es gefriert. Deswegen schwimmen Eisberge.

8 Eisig!

Wasser gefriert normalerweise bei 0 °C. Wenn man Salz hinzufügt oder den Luftdruck erhöht, bleibt es auch bei etwas kälteren Temperaturen flüssig.

Super HEISS

Je mehr Energie Gegenstände besitzen, desto wärmer sind sie. Unser Körper erhält seine Wärme aus der Energie, die durch chemische Reaktionen freigesetzt wird. Die gewaltige Hitze von Sonne und Sternen stammt aus der Energie, die frei wird, wenn Atome durch enormen Druck in ihren Kernen verbunden werden.

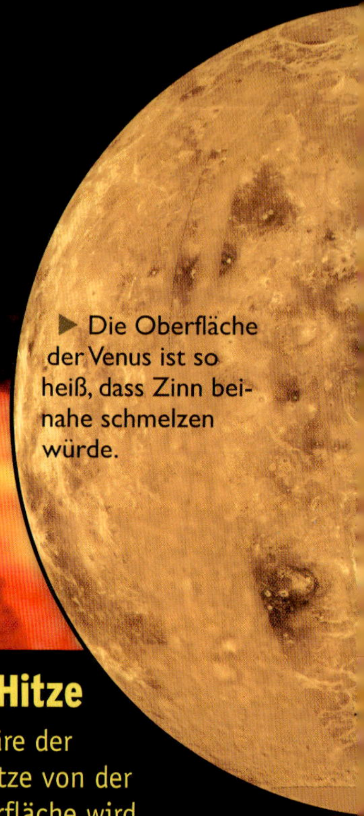

▶ Die Oberfläche der Venus ist so heiß, dass Zinn beinahe schmelzen würde.

3 Gekocht

Der Siedepunkt einer Flüssigkeit ist die heißeste Temperatur, die sie erreichen kann, bevor sie zu Gas wird. Der Siedepunkt von Wasser liegt bei 100 °C. Unter hohem Druck – z. B. in Geysiren – kann es noch heißer werden.

4 Gefangene Hitze

Die dichte Atmosphäre der Venus nimmt viel Hitze von der Sonne auf. Ihre Oberfläche wird bis zu 480 °C heiß.

37°C 41°C 100°C 480°C 827°C

98.6°F 106°F 212°F 896°F 1,521°F

▲ Dieses Wärmebild entstand mithilfe von Infrarotwellen. Es zeigt Temperaturunterschiede in den Farben von Weiß (heiß) bis Blau (kühl) an.

2 Heiße Orte

In Dallol, Äthiopien, betrug die Durchschnittstemperatur zwischen 1960 und 1966 41 °C!

5 Heiße Kohlen

Kohlenfeuer können Temperaturen von bis zu 827 °C erreichen.

1 Körperwärme

Deine Körpertemperatur liegt normalerweise bei 37 °C, es sei denn, du hast Fieber. Doch selbst dann erreicht sie höchstens 40 °C – sonst würdest du sterben.

◀ Diese schwefelhaltigen Vulkanquellen liegen in einer Gegend, in der mit die am heißesten Temperaturen auf der Erde gemessen werden: Dallol in Äthiopien.

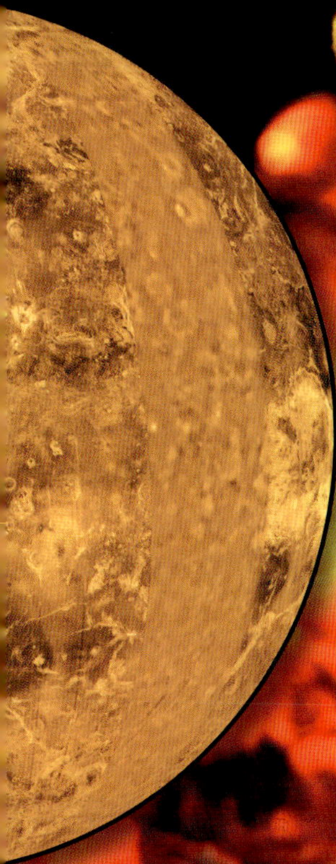

6 Geschmolzenes Metall

Da die Atomverbindungen in einem Metall sehr stark sind, schmelzen die meisten Metalle erst bei großer Hitze. Stahl schmilzt bei rund 825 °C, Wolfram sogar erst bei 3410 °C.

8 Der blaue Stern

Der heißeste bekannte Stern des Universums heißt Eta Carinae. Er glüht leuchtend blau, weil seine Oberfläche bis zu 40 000 °C heiß wird.

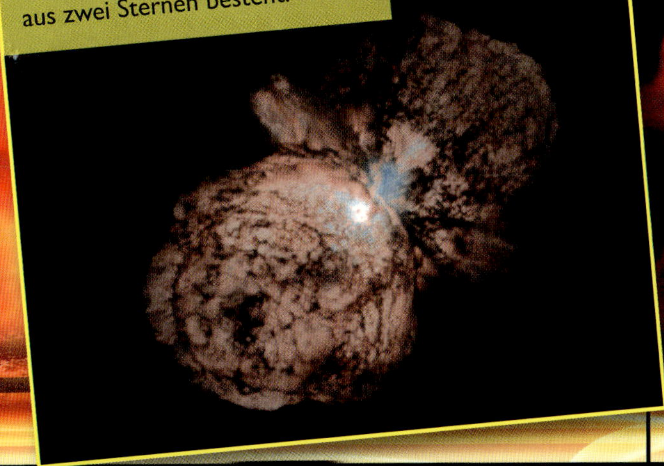

▶ 2005 fanden Astronomen heraus, dass Eta Carinae eigentlich aus zwei Sternen besteht.

10 Am allerheißesten

Im Februar 2010 erzeugten Wissenschaftler tief unter der New Yorker Erde die höchste Temperatur aller Zeiten. In den Tunneln des Beschleunigerrings für relativistische Schwerionen (RHIC) des Brookhaven National Laboratory krachten Goldatome beinahe mit Lichtgeschwindigkeit gegeneinander und erzeugten dabei kurz eine Temperatur von 4 Billionen °C.

3,410°C 5,500°C 40,000°C

6,170°F 9,900°F 72,000°F

▼ Die Atmosphäre der Sonne (auch Korona genannt) wird sogar 1 000 000 °C heiß.

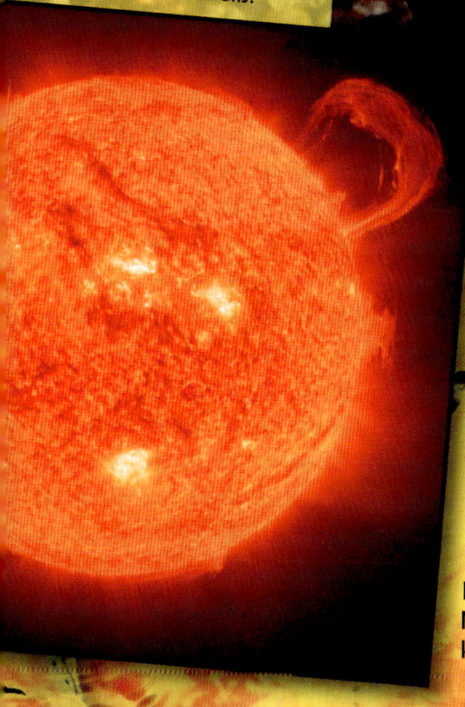

7 Sonnenbrand

Im Zentrum der Sonne ist es über 15 Millionen °C heiß. Die Temperatur auf ihrer Oberfläche beträgt etwa 5500 °C. Diese Hitze gibt der Sonne ihre gelbe Farbe. Wäre die Sonne kälter, so wäre sie röter, wäre sie heißer, würde sie bläulich aussehen.

9 (Ur-)Knallheiß

Die heißeste natürliche Temperatur herrschte während des Urknalls. Damals betrugen die Temperaturen kurzzeitig 2–3 Billionen °C.

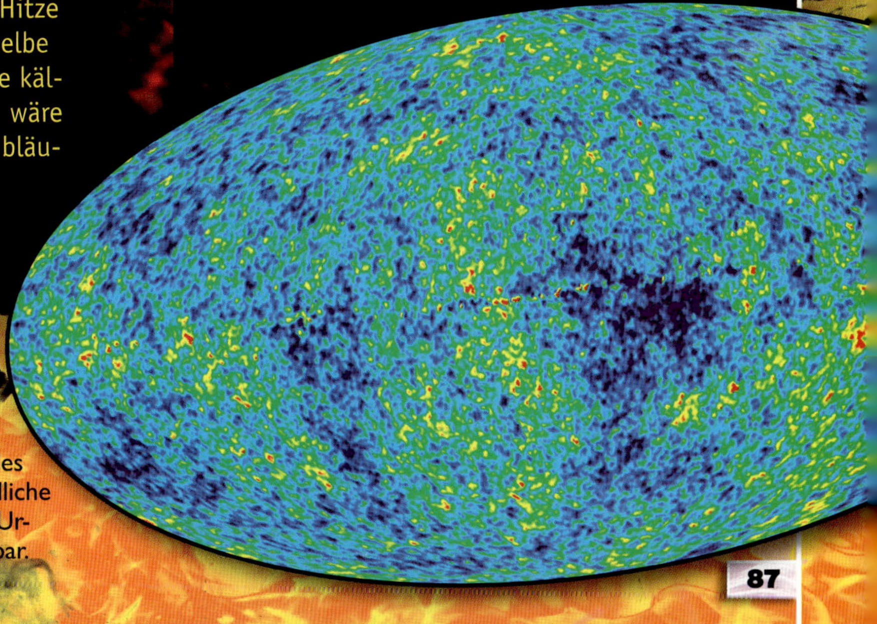

▶ Dieses Computerbild des Himmels zeigt unterschiedliche Mikrowellenstrahlen: Der Urknall ist immer noch sichtbar.

Gigantisches Universum

Uns Menschen erscheint die Erde riesig. Früher dachte man sogar, es existiere nichts Größeres im Universum. Seit es Teleskope gibt, weiß man, dass die Erde sehr klein ist. Es gibt Dinge im Weltraum, die so groß sind, dass unser Sonnensystem im Vergleich dazu wirkt wie ein Sandkorn am Strand.

Der Durchmesser der Erde liegt bei 12 756 km, ihr Volumen bei rund 1 083 319 Millionen km³.

1 Größter Planet

Jupiter ist der größte Planet unseres Sonnensystems. Mit einem Durchmesser von 142 984 km ist er mehr als 11-mal größer als die Erde, die problemlos 1300-mal in sein Volumen passen würde – und dann wäre immer noch Platz übrig!

2 Die Sonne

Die Sonne lässt Jupiter, den größten ihrer Planeten, klein erscheinen. Mit einem Durchmesser von 1,4 Millionen km ist sie 109-mal größer als die Erde.

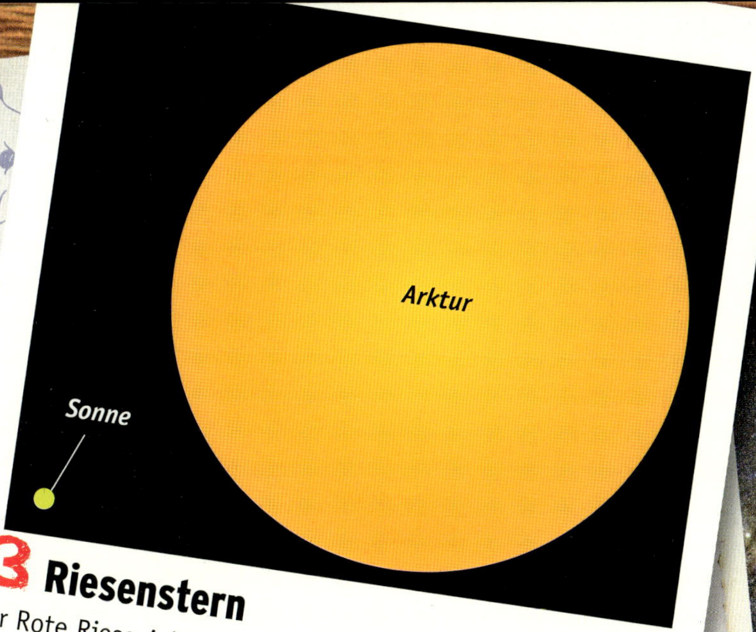

3 Riesenstern

Der Rote Riese Arktur hat den 25-fachen Durchmesser der Sonne und ist der vierthellste Stern am Himmel.

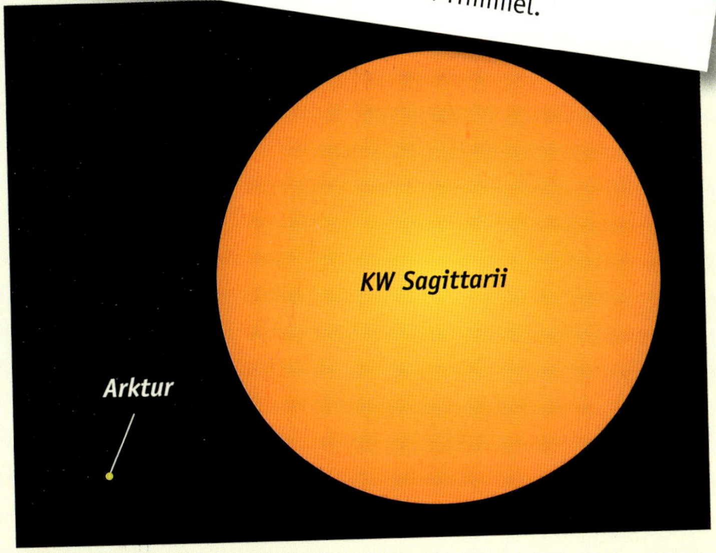

4 Größter Stern

Einer der größten uns bekannten Sterne ist der veränderliche Überriese »KW Sagittarii«. Er ist 60-mal größer als Arktur und mehr als 1500-mal so groß wie die Sonne.

Wenn die Sonne ein Sandkorn wäre, hätte die Milchstraße die Größe der Sonne.

5 Galaxie

Unsere Sonne ist nur einer von ca. 400 Milliarden Sternen in der Milchstraße, unserer Galaxie, die sich über 100 000 Lichtjahre ausdehnt.

6 Größte Galaxie

Die Galaxie »IC 1101« hat den Wahnsinnsdurchmesser von 5 Millionen Lichtjahren.

7 Superhaufen

Unsere Galaxie ist eine von über 2000 im Virgo-Galaxienhaufen. Er ist winzig im Vergleich zum Perseus-Pisces-Superhaufen, der mit mehr als 300 Millionen Lichtjahren Ausdehnung 3000-mal so breit wie die Milchstraße ist. Hätte die Sonne die Größe eines Sandkorns, wäre dieser Superhaufen so groß wie unser Sonnensystem.

Lichtjahre

Die Entfernungen im Weltall sind so groß, dass Astronomen sie nicht mehr in Kilometern, sondern in Lichtjahren messen. Das Licht ist mit 299 792 km/Sekunde immer gleich schnell. Ein Lichtjahr ist die Strecke, die das Licht in einem Jahr zurücklegt, also 9460 Milliarden km.

8 Sloan Great Wall

Das Universum ist wie ein riesiges Spinnennetz. Sterne, Galaxien und Haufen konzentrieren sich in gewaltigen dünnen Wänden. Die größte ist die »Sloan Great Wall«, die mehr als 13 000-mal größer als die Milchstraße ist.

Mega-IDEEN

Um die Extreme unserer Welt zu erforschen, nutzen Wissenschaftler häufig riesige, komplizierte Geräte. Für die Weiten des Universums braucht man große Teleskope und Forschungsstationen im All. Übrigens wurde die größte komplexe Maschine der Welt zur Erforschung der kleinsten, subatomaren Teilchen gebaut (s. S. 106).

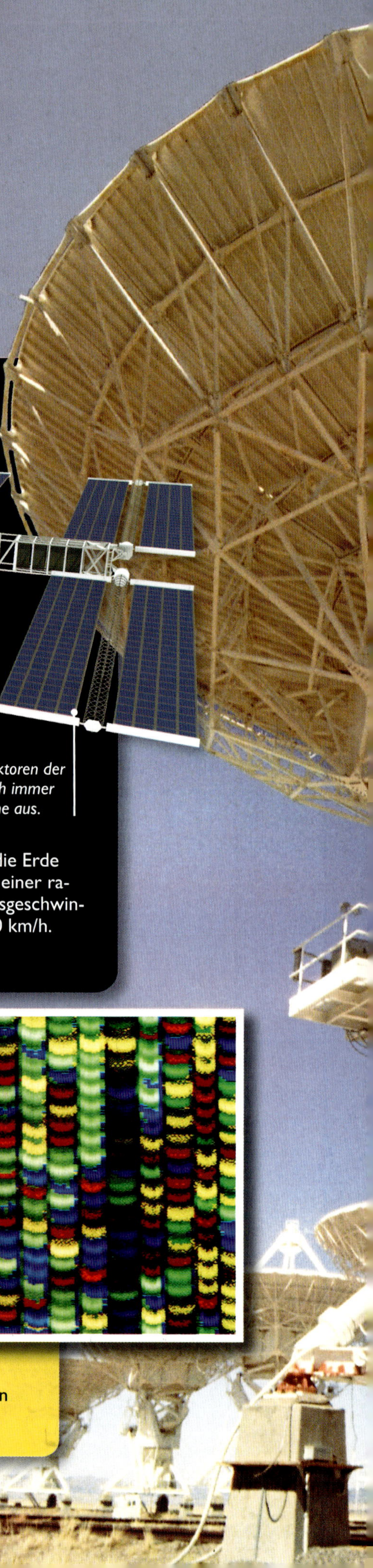

»International Space Station« – ISS

Die ISS ist die größte Raumstation, die je gebaut wurde. Sie umkreist die Erde in einer Höhe von 287 bis 460 km und ist so groß, dass man sie von der Erde aus mit bloßem Auge erkennt. Ihre Bauteile wurden in etlichen Flügen einzeln ins All gebracht und dort in mehr als 130 »Weltraumspaziergängen« montiert.

▲ Die ISS umkreist die Erde am Tag gut 15-mal in einer rasenden Durchschnittsgeschwindigkeit von ca. 28 000 km/h.

Humangenomprojekt

Jede Zelle des menschlichen Körpers trägt in der DNA chemische Informationen zum Überleben und zur Fortpflanzung in sich – die Gene. Das internationale Humangenomprojekt verfolgte das Ziel, die genaue Lage jedes einzelnen Gens auf dem DNA-Strang zu bestimmen. Das Forschungsprojekt begann 1990 und wurde 2003 abgeschlossen.

▲ Ausschnitt aus einer DNA-Karte. Jeder Strang zeigt eine der 4 basischen chemischen Substanzen, die den DNA-Code bilden.

»Very Large Array« – VLA

Radiofunkwellen sind sehr lang. Um sie von entfernten Sternen und Galaxien zu empfangen, braucht man riesige Radioantennen oder eine Anordnung einzelner zusammenhängender Antennen auf einem großen Areal. Das VLA in den Ebenen von San Agustin, New Mexico, USA, besteht aus 27 Schüsseln, die über eine Länge von 36 km y-förmig arrangiert sind.

▲ Jede der 27 Tellerantennen des VLA hat einen Durchmesser von 25 m.

Millennium-Simulation

Der »Millennium Run« war eines der umfassendsten Computerexperimente überhaupt. Die Idee war, ein Modell jedes Teilchens in einem bestimmten Bereich des Universums zu erstellen, um mehr über dessen Entstehung zu erfahren. 2005 berechnete der erste Lauf die Entwicklung von 10 Milliarden Teilchen in 20 Millionen Galaxien, in Weiten des Universums von 2 Milliarden Lichtjahren. Bilder, die bei der Simulation entstanden, zeigen, wie sich Dunkle Materie – ein völlig strahlungsfreier Stoff, der daher von Teleskopen nicht erkannt wird – im Universum ausbreitet.

▼ Ein Computerbild des »Millennium Run« zeigt, wie Dunkle Materie sich in einem Ausschnitt des Universums von 206 Millionen Lichtjahren Durchmesser ausdehnt.

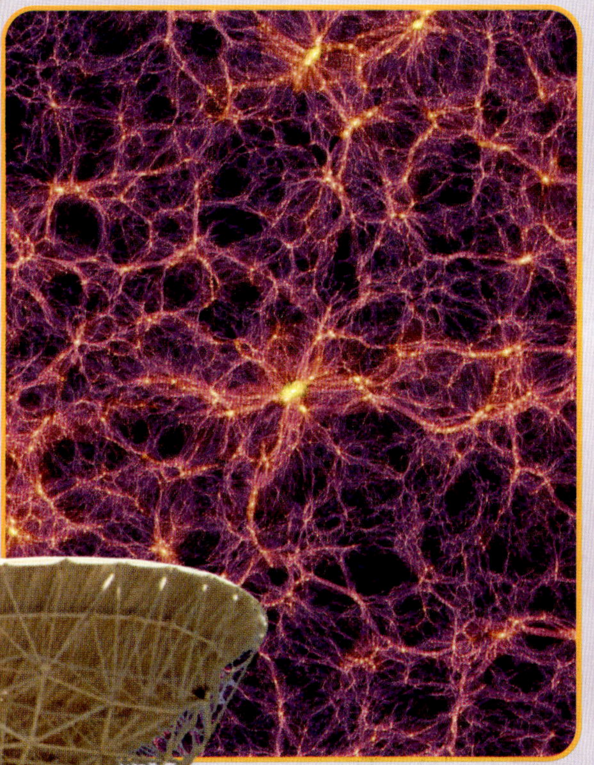

Radioteleskope wie die im VLA zeichneten Gaswolken auf, die die Form der Milchstraße aufweisen. Im Zentrum entdeckte man etwas, das wie ein großes Schwarzes Loch aussieht.

Mikroskopisch KLEIN

Betrachtet man menschliche Haut durch eine Lupe, werden Details, die mit bloßem Auge nicht zu sehen sind, sichtbar. Wissenschaftler haben Mikroskope entwickelt, die Einblicke in eine noch viel, viel kleinere Welt ermöglichen. Sogar eine sehr gute Lupe kann Dinge nur einige Male vergrößern. Das stärkste Raster-Tunnel-Mikroskop zeigt in milliardenfacher Vergrößerung sogar Partikel, die noch winziger sind als die Atome.

1 Salz und Pfeffer

10^{-3} m (1 mm)
Mit bloßem Auge sieht Pfeffer wie Salz aus, nur dunkler. Doch ein gutes Lichtmikroskop lässt den Unterschied erkennen. Pfeffer ist das Samenkorn einer Pflanze, Salz ein Mineralkristall.

2 Menschliches Haar

10^{-4} m (100 Mikrometer)
Auch wenn dein Haar sich weich anfühlt, erkennt man unter dem Mikroskop, wie rau es ist. Jedes einzelne Haar sieht aus wie ein kleiner Baumstamm.

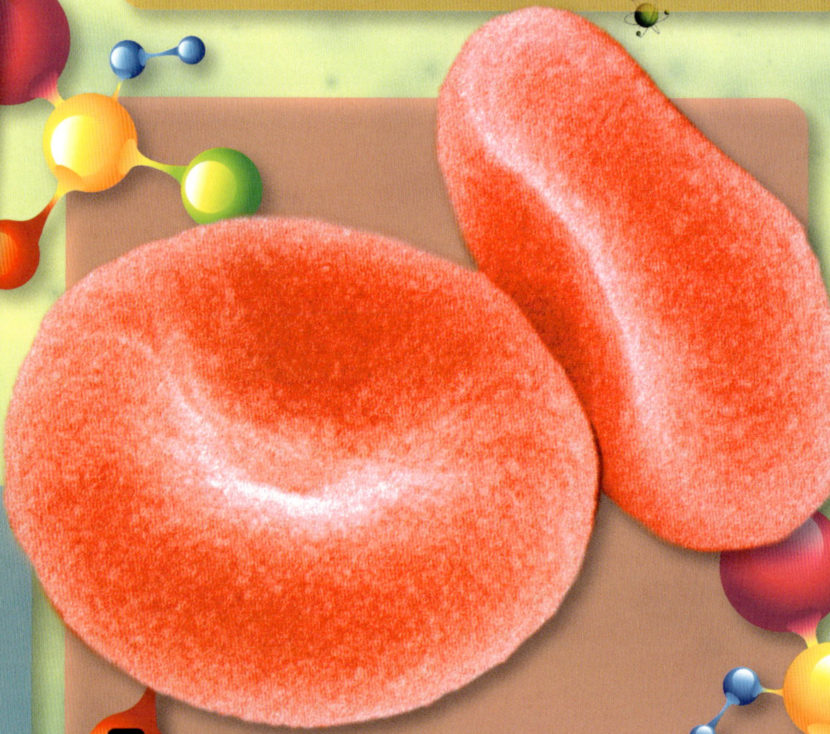

3 Rote Blutkörperchen

10^{-5} m (10 Mikrometer)
Mit starken Lichtmikroskopen sieht man die kleinen roten Blutkörperchen, doch ihre Form erkennt man erst richtig mit einem Raster-Elektronen-Mikroskop (REM).

4 Bakterien

10^{-6} m (1 Mikrometer)
Bakterien sind mit Lichtmikroskopen kaum erkennbar, aber REM machen detaillierte Nahaufnahmen.

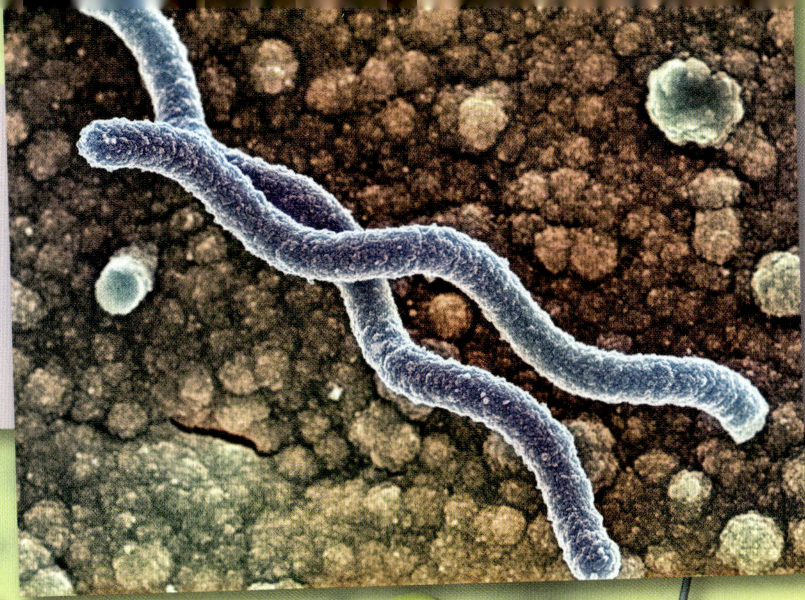

◀ Jeder zweite Mensch leidet unter *Helicobacter*-Bakterien, die im Magen Beschwerden verursachen.

Coronaviren können Erkältungen und Magen-Darm Erkrankungen auslösen. Unter dem Elektronen-Mikroskop sehen sie wie Kronen aus.

5 Virus

10^{-7} m (100 Nanometer)
Viren sind viel kleiner als Bakterien. Man sieht sie nur durch ein Elektronen-Mikroskop, wie das Transmissions-Elektronen-Mikroskop (TEM).

Wissenschaftler können winzige elektronische Geräte herstellen. Auch ein effizienter Computer muss nicht größer sein als ein Sandkorn.

6 Molekül

10^{-8} m (10 Nanometer)
Raster-Kraft-Mikroskope (RKM) und die starken TEMs können DNA-Schnüre sichtbar machen.

◀ DNA ist unter dem TEM in 500 000-facher Vergrößerung deutlich zu sehen.

7 Atom

10^{-7} m (1 Nanometer)
Um ein Atom sehen zu können, braucht man ein Raster-Tunnel-Mikroskop (RTM).

Mikroskope

Licht- oder optische Mikroskope vergrößern mit einer Linsenkombination auf das bis zu 2000-Fache. Sie erkennen kleinste Objekte von ca. 500 Nanometern (500 Milliardstel Meter).

Elektronenmikroskope zeigen bis zu 20 000-mal kleinere Dinge. Sie funktionieren ohne Linsen, indem sie die Objekte mit Elektronen beschießen und aufzeichnen, in welcher Weise diese von ihnen abprallen. Auf einem Bildschirm entstehen so Abbilder der untersuchten Objekte.

Raster-Tunnel-Mikroskope (RTMs) und Raster-Kraft-Mikroskope (RKMs) arbeiten mit Sensoren. RKMs gehen mit einem scharfen Pointer, ähnlich einer Plattenspielernadel, über das Objekt. Sie können sogar Atome erkennen.

Mini-Zoo

Die Elektronen- und Raster-Tunnel-Mikroskopie konzentriert sich besonders auf die Welt der Insekten und Mikroorganismen – und zeigt sie bis in kleinste Details. Sogar winzigste Tiere erscheinen riesig und monströs, wie Geschöpfe aus einer anderen Welt. Es gibt bedeutend mehr Arten von Mikroorganismen als alle anderen Tier- und Pflanzenarten zusammen.

◀▲ Fruchtfliege unter dem REM, mit Großaufnahme der »Krallen« an ihrem Bein (unten)

Fliege mit Krallen

Die 800-fache Vergrößerung zeigt vogelartige Krallen am Bein der Fruchtfliege. Die Härchen unterhalb der Krallen sind von *Pulvilli* bedeckt, einer Art haftender Plättchen. Durch sie können sich Fliegen auf völlig glatt erscheinenden Oberflächen, wie z. B. Glas, halten. Wissenschaftler versuchen, nach ihrem Muster künstliche Nano-Stoffe mit gleichen Hafteigenschaften zu entwickeln.

Kribbeln im Bauch

Transmissions-Elektronen-Mikroskope enthüllen den mikroskopisch kleinen »Zoo« in unserem Magen. Dies ist das Bakterium *Helicobacter pylori*, 7700-fach vergrößert. Es erhielt seinen Namen »pylori« aufgrund der Tatsache, dass es im pylorischen, also unteren Teil des Magens vorkommt.

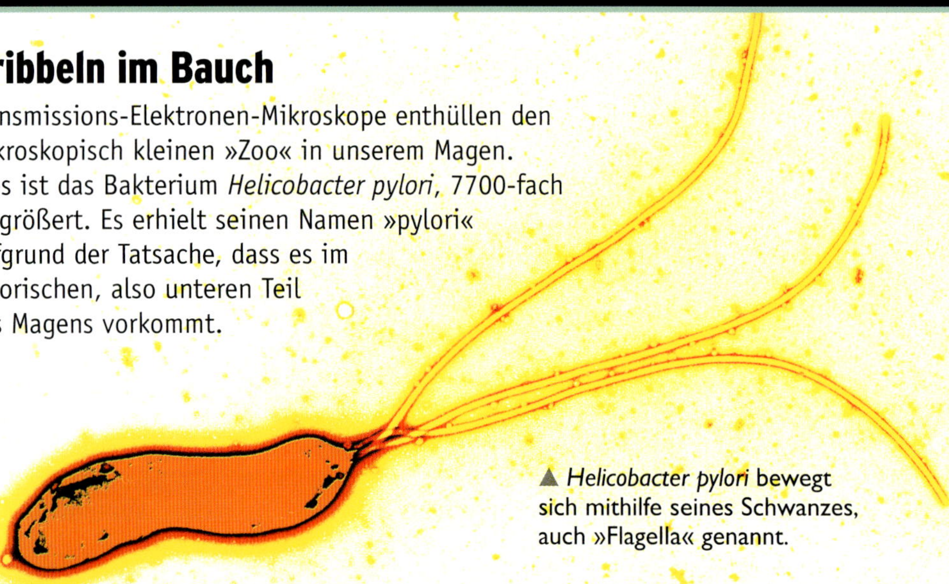

▲ *Helicobacter pylori* bewegt sich mithilfe seines Schwanzes, auch »Flagella« genannt.

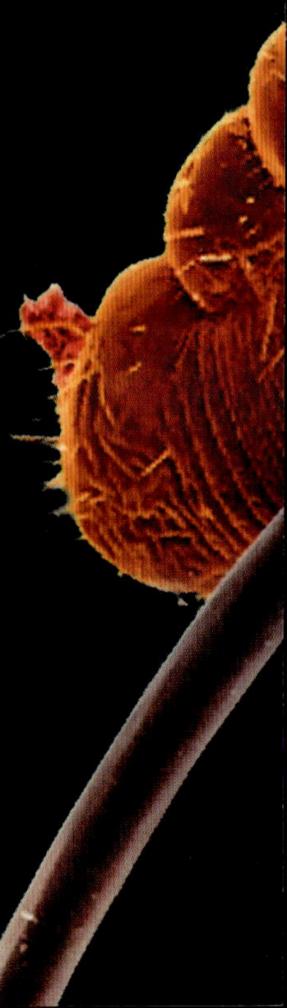

Lebendiger Schmuck

Diatomeen (Kieselalgen) sind Mikroorganismen, die sich unter dem REM als wunderschöne geometrische Schmuckstücke entpuppen. Sie leben im Wasser und beziehen ihre Energie aus dem Sonnenlicht, so wie alle Pflanzen. Es gibt mehr als 100 000 verschiedene Arten.

▲ Die perlenartigen Diatomeen leben in Süß- und Salzwasser und selten auch auf Schnee.

▶ Mit der stacheligen Oberfläche haften diese winzigen Pollenkörner in Federn und Fell.

Pflanzenpost

Das REM enthüllt die unglaubliche Vielfalt der Pollenformen. Pollen ist Blütenstaub, mit dem Pflanzen sich fortpflanzen. Jedes Korn transportiert männliche zu den weiblichen Keimzellen. So entsteht der Same für eine neue Pflanze. Pollen können viele Tausende von Jahren überstehen. Archäologen können mithilfe des REM-Bildes erschließen, welche Pflanzen es früher einmal gegeben hat.

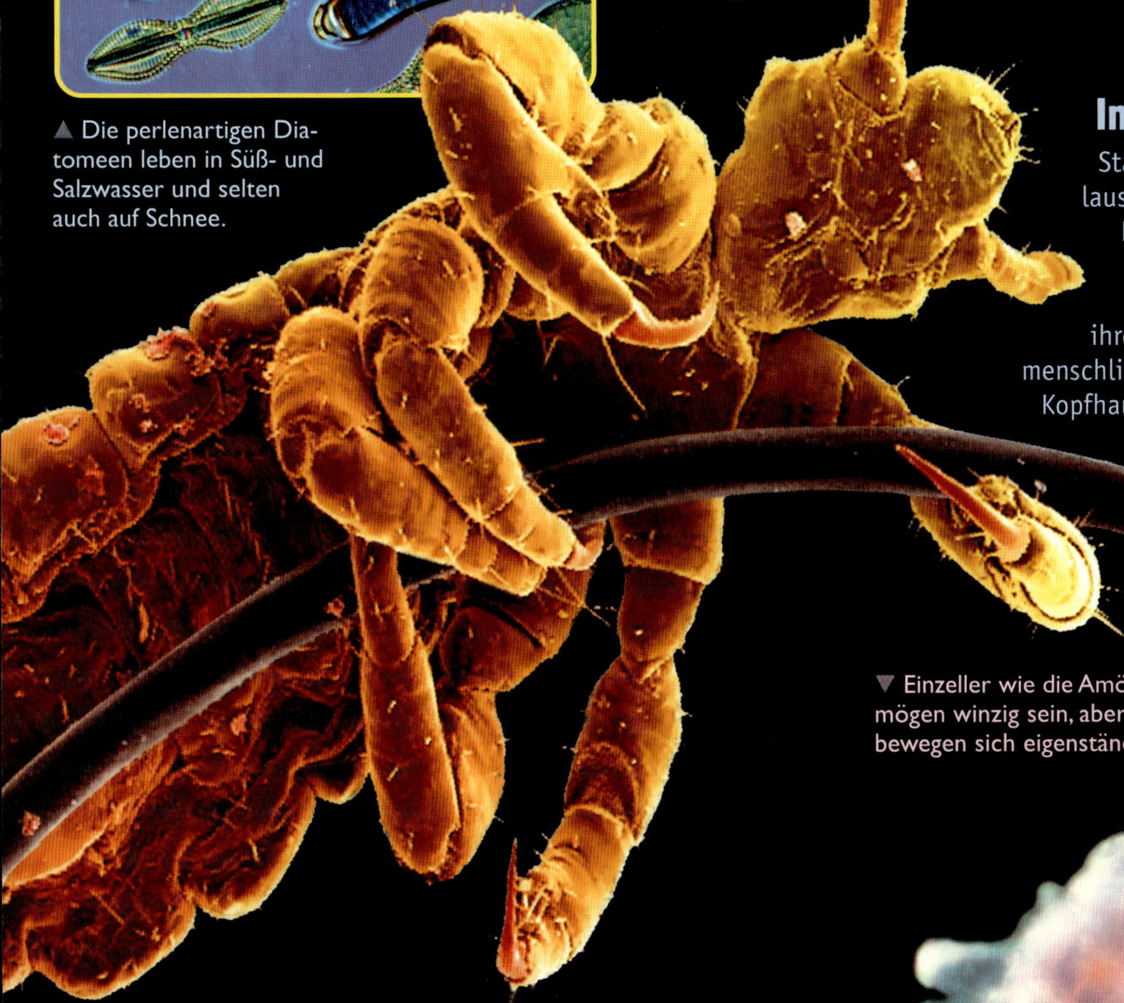

▼ Eine stark vergrößerte Kopflaus auf einem menschlichen Haar

Leben am Meeresgrund besteht zu 90 % aus mikroskopisch kleinen Fadenwürmern.

In luftiger Höhe

Stark vergrößert wirkt eine Kopflaus wie ein Monster an einem Drahtseil. Läuse sind kleine flügellose Insekten. Sie leben im menschlichen Haar, legen dort ihre Eier ab und ernähren sich von menschlichem Blut, das sie aus der Kopfhaut saugen.

▼ Einzeller wie die Amöben mögen winzig sein, aber sie bewegen sich eigenständig.

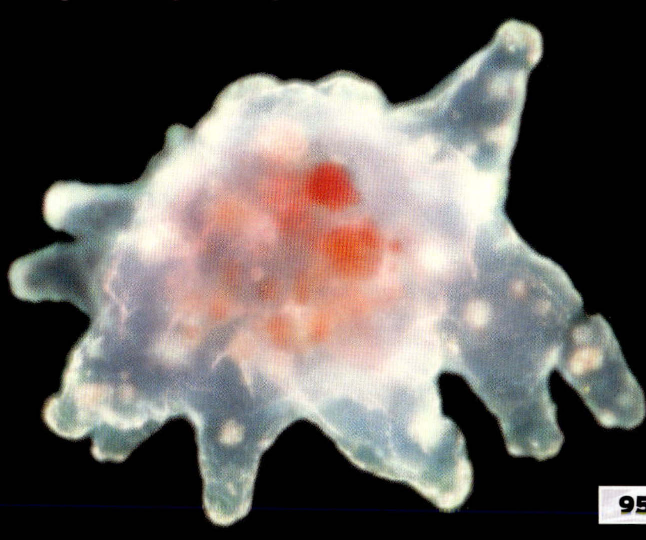

Die kleinsten Tiere

Die allerkleinsten Tiere sind Einzeller. Man erkennt sie fast nur unter dem Mikroskop. Aber sie atmen, bewegen und reproduzieren sich wie größere Tiere. Sie leben im Wasser oder in feuchter Umgebung. Einige können schlimme Krankheiten auslösen, andere sind nützlich, weil sie Bakterien fressen und als Futter für Fische und andere Tiere dienen.

Fantastisches LICHT

Wissenschaftler haben Licht und Strahlung in den letzten 50 Jahren so gründlich erforscht, dass sie nun mit seiner Hilfe Dinge tun können, die früher wie Zauberei gewirkt hätten. Hologramme oder auch Messungen von überraschender Präzision sind mit Laserlicht möglich, in anderem Licht können wir ein lebendes Gehirn betrachten oder entdecken unsichtbare Fingerabdrücke am Tatort eines Verbrechens.

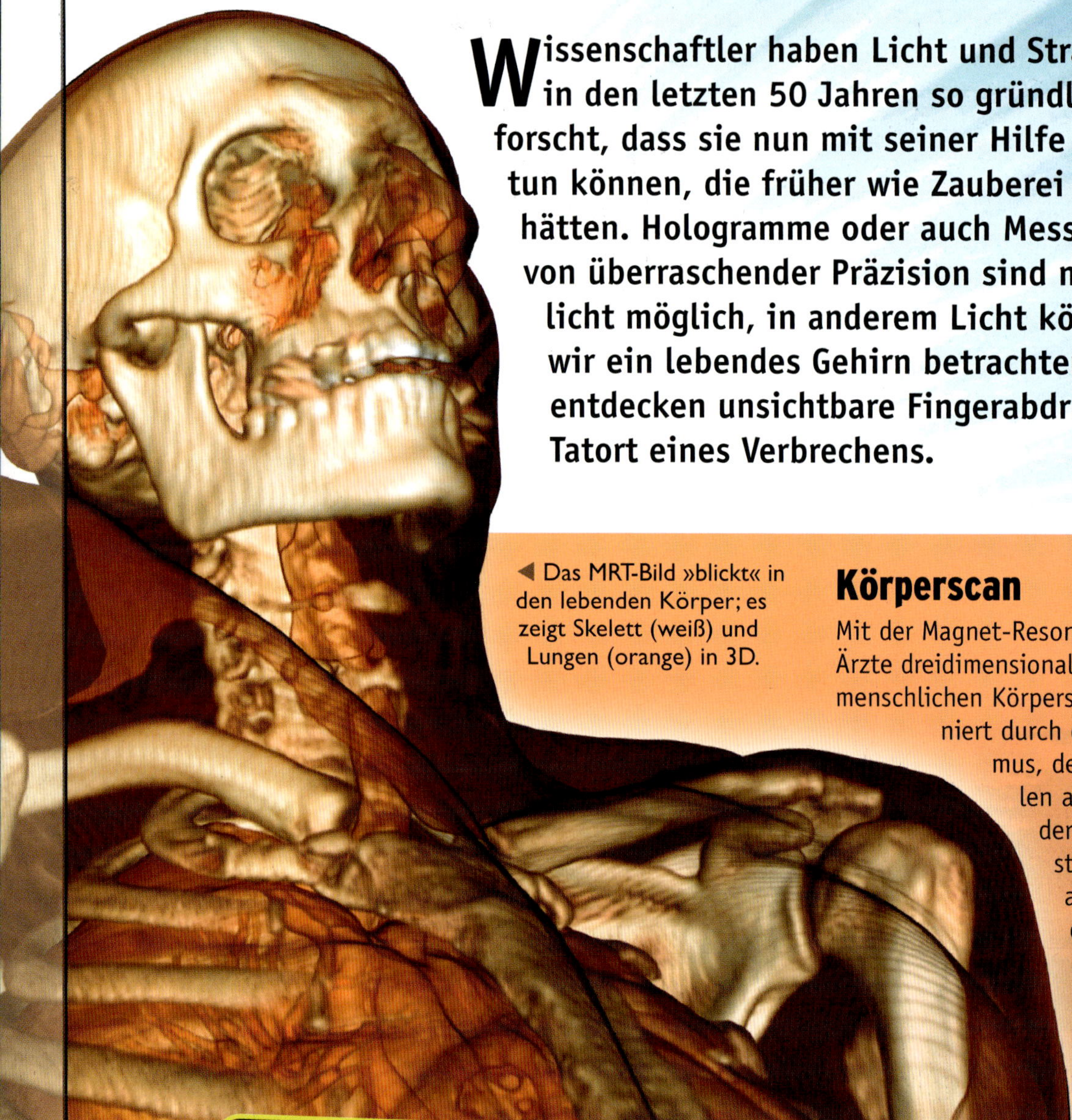

◀ Das MRT-Bild »blickt« in den lebenden Körper; es zeigt Skelett (weiß) und Lungen (orange) in 3D.

Körperscan

Mit der Magnet-Resonanz-Tomografie können Ärzte dreidimensionale Bilder vom Inneren des menschlichen Körpers gewinnen. Sie funktioniert durch extrem starken Magnetismus, der die Kerne der Körperzellen alle gleich ausrichtet. Wird der Magnet abgeschaltet, streben diese zurück in die alte Position und senden dabei über die Photonen Strahlung aus. Diese kann gemessen und mit dem Computer in ein 3D-Bild umgewandelt werden.

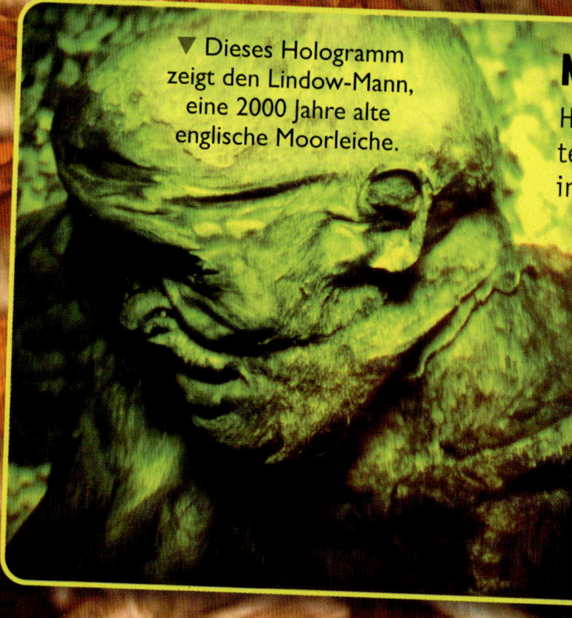

▼ Dieses Hologramm zeigt den Lindow-Mann, eine 2000 Jahre alte englische Moorleiche.

Magische Hologramme

Hologramme sind Bilder in 3D. Sie entstehen durch geteilte Laserstrahlen. Eine Hälfte, der Referenzstrahl, geht in die Kamera. Der andere bricht sich am Objekt und liefert weitere Wellen. Die Kamera verarbeitet, wie sich die beiden Muster unterscheiden, und baut aus diesen Daten ein Bild in 3D. Unbewegte Hologramme gibt es schon seit einem halben Jahrhundert. Jetzt arbeiten Wissenschaftler aber an bewegten Formen. Eines Tages werden sie vielleicht in der Lage sein, Dinge so abzubilden, als würden sie frei im Weltraum schweben.

▼ Ultraviolettes (UV) Licht kann unsichtbare Spuren von Blut oder anderen Körperflüssigkeiten an Tatorten sichtbar machen.

Kriminalistische Ermittlung

Verbrecher mögen denken, dass sie am Tatort keine Spuren hinterlassen; UV-Licht aber bringt unsichtbare Spuren und Beweise, wie z. B. Fingerabdrücke und Körperflüssigkeiten, an den Tag. UV-Licht besteht aus Wellen, die im Vergleich zu violettem Licht etwas kürzer sind – zu kurz, um sichtbar zu sein.

LASER

1960 erzeugte Theodore Maiman die ersten Laserstrahlen. Laser ist anders als natürliches Licht, das man »unzusammenhängend« nennt, denn es ist eine chaotische Mischung vieler Lichtteilchen (Photonen) unterschiedlicher Wellenlängen. Beim Laserlicht sind alle Photonen gleich. Dadurch entsteht ein intensiver, einfarbiger Lichtstrahl, der sich viel schlechter streuen lässt als gewöhnliches Licht. Wenn man einen Laser auf den Mond richtet und er ihn reflektiert, bleibt der Laser ein einziger konzentrierter Strahl.

Funkeln Sterne?

Sterne scheinen zu funkeln, doch ist es eigentlich so, dass Staub in der Luft die klare Sicht auf sie verhindert. Sie funkeln nicht wirklich. Astronomen suchen klare Sterne zum Vergleich und korrigieren so den funkelnden Eindruck im Teleskop mit Computern. Sind keine Vergleichssterne vorhanden, simulieren sie einen eigenen Leitstern, indem sie den Laserstrahl in den Himmel richten: Dort, wo er auf Natriumgas trifft, entsteht ein helles Leuchten.

◀ Eine Sternwarte sendet einen Laserstrahl aus, um einen Natriumgas-Leitstern für Astronomen zu schaffen.

Mit Laserpräzision

Mithilfe eines Lasers kann man extrem genaue Messungen durchführen. Geologen messen mit Laserstrahlen von Satelliten den Abstand zwischen Kontinenten fast millimetergenau aus. Mit der faszinierenden LIDAR (Light Detection and Rangefinding)-Methode kann man sofort 3D-Landkarten erzeugen. Ein Flugzeug oder Satellit überfliegt den Zielbereich, Laser tasten die Oberfläche mit Impulsen ab, Detektoren erfassen die Reflektionen und bauen aus diesen Daten das 3D-Bild.

Extrem-bedingungen

Einige Wissenschaftler lernen die Welt im Labor kennen, andere begeben sich in die unglaublichsten Umstände, um neue Erkenntnisse zu gewinnen. Sie fliegen in das Auge eine Hurrikans, ertragen Monate in der bitterkalten Arktis, betreten aktive Vulkane, kriechen in tiefe Höhlen, tauchen in die Tiefen des Ozeans, klettern auf die höchsten Regenwaldbäume und vieles mehr. Wo es etwas zu lernen gibt, da reisen sie hin.

Heißes Risiko

Vulkane sind extrem gefährlich, wenn man sich dem Krater nähert. Auch ein Schutzanzug gegen Hitze und Rauch kann dich nicht retten, wenn es zum Ausbruch kommt. Zwei der berühmtesten Vulkanologen aller Zeiten, Maurice und Katia Krafft, starben 1991 zusammen mit 41 Journalisten bei Filmarbeiten auf dem Unzen in Japan. Der Vulkan spie ohne Vorwarnung glühende Gase und Asche aus, die sie binnen Sekunden umhüllten.

Ein Vulkanologe führt Tests an einem aktiven Vulkan durch.

Gefährliche Leckereien

Kochen ist gefährlich in der Küche der Chemikerin Helen Maynard-Casely. Alltägliche Dinge wie Sahne, Zucker oder Brot setzt sie hohem Druck und extremen Temperaturen aus, um ihre Reaktionen zu testen. Es kann sein, dass sie Sahne mit flüssigem Stickstoff auf -170 °C kühlt oder verbrannten Toast so stark presst, dass die Kohle darin zu Diamant wird. Ihr Kollege am »Zentrum für Forschung unter Extrembedingungen« in Edinburgh, Colin Pulham, stellt Diamanten her, indem er Kohle mit Dynamit sprengt.

Forscher tragen in einer Höhle Atemschutzmasken gegen giftige Gase, während sie Proben nehmen.

Sturmjäger

Tornados sind gewaltige Wirbelstürme, die Häuser und Lastwagen in die Luft werfen können. Sie kommen nur in bestimmten Regionen vor und dauern nie länger als eine Viertelstunde. Um sie zu erforschen, müssen Wissenschaftler wie Chuck Doswell und Dr. Josh Wurman sie mit hohem Tempo verfolgen – immer mit dem Risiko, selbst in den Sturm gezogen zu werden. Die Jagd ist so aufregend, dass viele Leute inzwischen aus Spaß Tornados jagen. Doch das ist lebensgefährlich!

Trip unter die Erde

Um mehr über Bakterien in Extrembedingungen zu erfahren, geht Professor Hazel Barton freiwillig unter die Erde. Selbst in den unzugänglichsten Höhlen leben Bakterien. Um zu ihnen zu gelangen, muss Professor Barton durch engste Passagen kriechen oder unterirdische Seen durchschwimmen, meist in völliger Dunkelheit und giftiger Luft.

Ein Sturmjäger legt schnell eine Messsonde auf den Weg des nahenden Tornados.

Die Sonde wird die Bedingungen im Auge des Tornados messen.

Ein Meeresbiologe untersucht einen kleinen, harmlosen Hammerhai. Seine größeren Verwandten aber können sehr gefährlich sein.

Gefahren des Ozeans

Meeresforscher haben einen sehr herausfordernden und gefährlichen Beruf. In den oberen Meeresschichten kann man nicht nur ertrinken, sondern muss auch vor Haien, Feuerquallen und giftigen Steinfischen auf der Hut sein. Tiefer unten wird das Wasser dann eiskalt und stockdunkel. Der Druck reicht aus, um ein Auto zu zerquetschen.

Volle KRAFT

Jede Aktion erfordert Kraft. Sie kann Dinge wegstoßen oder anziehen, beschleunigen oder bremsen, vereinen oder trennen. Einige Kräfte – wie z. B. die, deine Augen über diese Seite gleiten zu lassen – sind klein. Andere sind enorm stark. Maschinen üben Kräfte aus, die wir mit unserem Körper nicht aufbringen können. Die extremsten Kräfte aber wirken in der Natur.

Kraftpakete

Bei Kraft ist nicht nur wichtig, wie viel, sondern auch wie schnell man sie zur Verfügung hat. Ein Watt hat die Kraft von einem Newton auf einem Meter pro Sekunde. Häufiger stößt man auf die Einheit Kilowatt (kW), das sind 1000 Watt. Ein kleines Familienauto kommt mit 50 kW zurecht, aber um schneller zu beschleunigen, brauchen Autos sehr viel mehr Kraft. Der Motor des »SSC Ultimate Aero TT« hat unglaubliche 960 kW.

▼ Die »Emma Maersk« lässt jedes andere Schiff winzig erscheinen. Ihre Maschine wiegt mehr als 2500 t.

Schiffskraft

Je schwerer, desto mehr Kraft braucht man, um sich fortzubewegen. So findet man die stärksten Motoren an Bord des schwersten Schiffes – der »Emma Maersk« –, die von der gewaltigen Dieselmaschine »Wärtsilä-Sulzer RTA96« angetrieben wird. Sie leistet mehr als 83 Megawatt (Millionen Watt) – so viel wie 10 000 Rennwagen!

Kräftemessen

Ein Newton ist die Kraft, die nötig ist, um 1 kg Masse binnen 1 Sekunde 1 m weit zu beschleunigen.
So viel Kraft braucht ...

- **45 N** – man, um einen Erwachsenen umzustoßen
- **670 N** – ein Karatekämpfer, um ein Brett durchzuschlagen
- **300–730 N** – die Schwerkraft, die dich auf dem Planeten festhält
- **2000 N** – ein guter Fußballschuss
- **2900 N** – ein Karatekämpfer beim Durchschlagen einer Betonplatte
- **7000 N** – ein Auto beim Beschleunigen
- **500 000 N** – eine große Lokomotive
- **770 000 N** – eine Jumbo-Jet-Maschine
- **33 000 000 N** – die Rakete »Saturn V«
- **200 Millionen Billionen N** – die Anziehungskraft zwischen Mond und Erde
- **350 Milliarden Billionen N** – die Anziehungskraft zwischen Sonne und Erde

Die stärkste von Menschen konstruierte Kraftquelle war die Rakete »Saturn V«, die die Apollo-Kapsel auf den Mond brachte. Die erste Phase der Rakete hatte einen Schub von 3,4 Millionen Newton.

▼ Der »SSC Ultimate Aero TT« ist der schnellste Sportwagen der Welt. Er kann Geschwindigkeiten von mehr als 430 km/h erreichen.

Kraftarten

Kraft kann direkt, durch Drücken oder Ziehen, ausgeübt werden oder indirekt. Die Grundkräfte des Universums – Schwerkraft, Elektromagnetismus sowie die beiden Nuklearkräfte, die die Atome zusammenhalten – funktionieren ohne direkten Kontakt. Kräfte wie diese wirken umgekehrt proportional zum Abstand zwischen den Objekten, sie werden also schwächer, je weiter die Dinge sich voneinander entfernen.

Sternenbeben

Im Universum herrschen Kräfte, die alles auf der Erde unbedeutend erscheinen lassen. Am 27. Dezember 2004 brach auf dem Stern »SGR 1806-20« ein sogenanntes »Sternenbeben« aus. Es hatte die Kraft von 10 000 Billionen Billionen Billionen Watt. Wäre die Erde nur 10 Lichtjahre entfernt gewesen, wäre sie explodiert. Glücklicherweise war der Abstand viel größer!

▲ 2004 entlud Stern »SGR 1806-20« so viel Energie, dass die Sonne hätte zerspringen können, wäre sie näher gewesen.

◀ 1989 ließ das Erdbeben in San Francisco Häuser zusammenfallen.

BERGBEBEN

Sogar der gewaltige Schub einer Rakete wie der »Saturn V« wirkt winzig, verglichen mit den natürlichen Kräften bei Erdbeben. Schon die kleinste Erschütterung hat eine Kraft von 60 Millionen Watt. 1960 erzeugte das Beben in Chile 11 Millionen Milliarden Watt. Mit dieser Kraft kann ein Erdbeben ganze Berge anheben und zerschmettern.

GENIALE Spinner

Meistens sind Wissenschaftler kluge, rationale Menschen; dennoch kommt es vor, dass sie »normalen Menschen« ein bisschen seltsam und verbohrt erscheinen. Manche von ihnen sind so sehr von ihrer Arbeit besessen, dass ihr Verhalten tatsächlich – schmeichelhaft umschrieben – etwas exzentrisch wird. Hier werden einige der seltsamsten von ihnen vorgestellt.

Lebenselixier

Der deutsche Alchemist, Physiker und Theologe Johann Konrad Dippel (1673–1734) war davon überzeugt, dass er das Elixier für das ewige Leben finden könne, das auch Tote wieder zum Leben erweckt. Er lebte auf Schloss Frankenstein und inspirierte mit seinen Experimenten die Schriftstellerin Mary Shelley zu ihrem berühmten Roman »Frankenstein«. Dippel erfand mit Preußischblau das erste chemische Stofffärbemittel.

▲ Johann Dippel dachte, er könnte mit einem Mittel Tote wieder zum Leben erwecken.

Elektrisches Genie

Nikola Tesla, Amerikaner serbischer Abstammung (1856–1943), schenkte uns den Luxus moderner Stromversorgung. Er war der Erste, der durch Wechselstrom über weite Distanzen Energie übermittelte.

Er war für seine Zeit sehr exzentrisch. Seine Idee, Energie kabellos zu transportieren, wird jetzt Realität. Glücklicherweise wurden seine Pläne für einen riesigen Todesstrahl nie verwirklicht.

▶ Eine andere ungewöhnliche Idee Teslas war, die Erde mit Magnetspulen in ein riesiges Raumschiff zu verwandeln.

FLUGVERSUCHE

Die mutigsten – oder verrücktesten? – Wissenschaftler versuchten zu fliegen. Viele schnallten sich Flügel an und sprangen von verschiedenen Höhen in den Tod.

Einer der waghalsigsten und erfolgreichsten Flieger war der Deutsche Otto Lilienthal (1848–1896). Lilienthal war mit mehr als 2000 Flügen in den 1890ern Pionier der Drachenfliegerei. 1896 kam er bei einem Absturz ums Leben. Seine Experimente jedoch trugen 1903 elementar zur Konstruktion des berühmten ersten Flugzeuges der Gebrüder Wright bei.

▶ Otto Lilienthal 1893 auf einem seiner Gleitflüge in der Nähe von Berlin

▶ Kevin Warwicks Cyborg-Arm, der durch Gedanken gesteuert wird

Der Cyborg

Cyborgs sind Wesen aus der Science Fiction – halb Mensch, halb Roboter. Der britische Wissenschaftler Kevin Warwick (*1954) hat sich selbst zum Cyborg gemacht. Er ist nicht verrückt, sondern sucht Wege, behinderten Menschen zu helfen. In seinen Arm sind elektronische Geräte implantiert, die sein Nervensystem direkt mit einem Computer verbinden. Er kann so den Computer allein mit seinen Gedanken steuern.

DER RAKETENMANN

Einer der Pioniere der Weltraumforschung war der Deutsche Wernher von Braun (1912–1977). Von klein auf von Raketen besessen, bestückte er im Alter von 12 Jahren sein Spielzeugauto mit Feuerwerkskörpern, zündete sie, ließ es über die Straße schießen – zum großen Entsetzen seiner Nachbarn – und wurde verhaftet. Doch von Braun war nicht verrückt, sondern nur begeistert von seiner Wissenschaft.

▶ Wernher von Braun spielte eine tragende Rolle im US-Raumfahrtprogramm.

SCHWARZE Löcher

Schwarze Löcher verschlucken alles, sogar das Licht. Sie entstehen, wenn Sterne oder Teile einer Galaxie unter ihrer eigenen Schwerkraft kollabieren und zu einem unendlich kleinen Punkt – der »Singularität« – werden. Die Anziehungskraft um diesen Punkt ist so mächtig, dass sie Licht, Raum und sogar Zeit verschlingt.

Es ist schwierig, ein Schwarzes Loch zu erforschen. Wissenschaftler der St.-Andrews-Universität, Schottland, erschufen ein virtuelles Schwarzes Loch mithilfe von Laserwellen.

Alte Supernova

Schwarze Löcher entstehen auch, wenn alte Riesensterne in einer Supernova explodieren. Astronomen können das Schwarze Loch nicht sehen, aus Reaktionen in seinem Umfeld jedoch darauf schließen.

Sterne treten häufig paarweise auf. Wird einer zum Schwarzen Loch, kann man manchmal Röntgenstrahlen wahrnehmen, die entstehen können, wenn das Schwarze Loch Materie vom Partnerstern abreißt und einsaugt.

▶ So stellt sich ein Künstler ein Schwarzes Loch (rechts) vor, das Teile aus seinem Partnerstern (links) reißt.

Supermassiv

Mitten in der Milchstraße, im Bereich Sagittarius A*, ballen sich 20 Millionen Sterne in einem Gebiet, das einmal hindurch nur ca. 3 Lichtjahre misst. Berechnungen ergeben, dass sie von einem Objekt kontrolliert werden, das 2 bis 3 Millionen Mal so schwer ist wie die Sonne, aber nur zweimal so groß. Astronomen vermuten, ein »supermassives Schwarzes Loch« könnte die Erklärung sein. Möglicherweise liegt eins in der Mitte jeder spiralförmigen Galaxie.

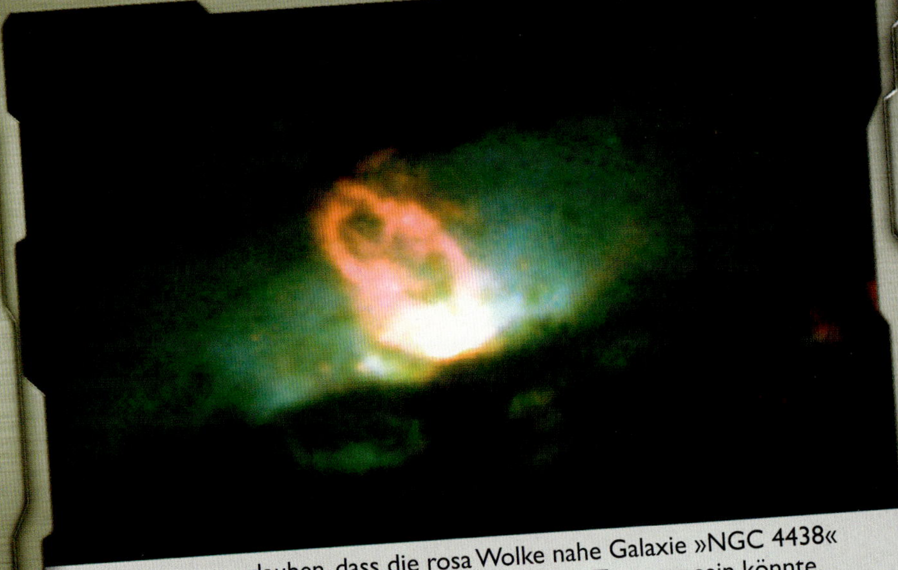

▲ Astronomen glauben, dass die rosa Wolke nahe Galaxie »NGC 4438« eine Gasblase aus dem Schwarzen Loch in ihrem Zentrum sein könnte. »NGC 4438« wird auch »Augen-Galaxie« genannt, weil sie linsenförmig ist.

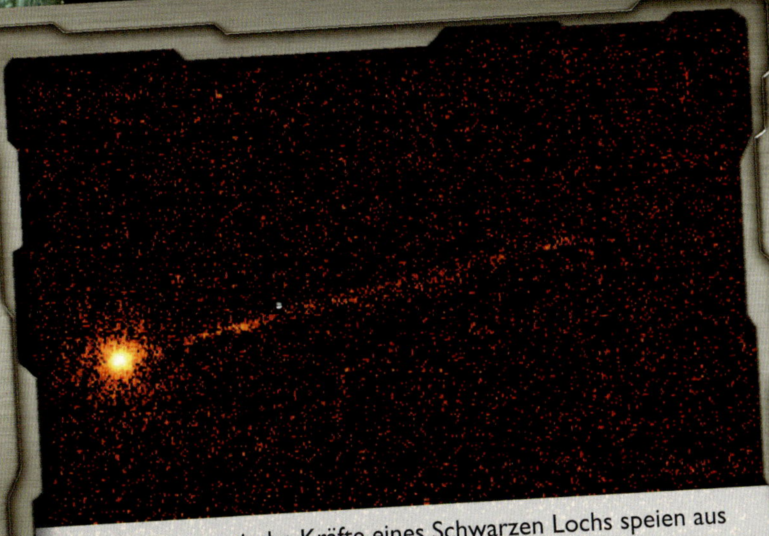

▲ Starke magnetische Kräfte eines Schwarzen Lochs speien aus der Galaxie »Pictor A« einen Röntgenjet.

Schubkraft

Schwarze Löcher saugen nicht nur Dinge ein, sie können die Überreste – Elektronen und andere atomare Teilchen – auch in gigantischen Schüben (sogenannten Jets) wieder ausspeien. Das riesige Schwarze Loch der Galaxie »M87« schießt einen überraschend hellen Strahl dieser Überreste Tausende von Lichtjahre hinaus in die Dunkelheit wie eine Art galaktischen Suchscheinwerfer.

Tunnel durch die Zeit

Manche Wissenschaftler vermuten, dass Schwarze Löcher mit Weißen verbunden sein könnten. Gäbe es sie, müssten Weiße Löcher das Gegenteil von Schwarzen sein – Orte, an denen Masse und Strahlung in den Weltraum gespuckt werden. Einige vermuten, dass die beiden Löcher durch einen Tunnel verbunden sein könnten – das Wurmloch – und es möglich wäre, dadurch weite Entfernungen im Weltall in einem Augenblick zu überwinden, vielleicht sogar in die Zukunft oder in die Vergangenheit zu reisen.

Im Schwarzen Loch

Jedes Schwarze Loch hat einen »Point of no Return«, den »Rand des Universums«. Jenseits dessen ist Zeit bedeutungslos. Sogar Licht kann nicht mehr hinaus.

Man könnte niemals sehen, wie jemand den Rand des Universums erreicht, wenn er in ein Schwarzes Loch fällt. Stattdessen könnte man sehen, wie die Person immer langsamer, röter und blasser wird, bis sie schließlich völlig verblasst.

In einem Schwarzen Loch würde man lang gezogen wie Spaghetti, weil die Anziehungskraft an den Füßen viel stärker wäre als am Kopf. Astromomen nehmen an, dass man so lang gezogen würde, dass man vermutlich zerreißen würde.

Während man zerrisse, würde die Zeit extrem viel schneller werden – man könnte aus dem Schwarzen Loch die Zukunft nur so vorbeifliegen sehen. Aber eines könnte man nicht: es wieder verlassen.

ELEMENTARES Geheimnis

In der Schweiz liegt ein 27 km langer Ringtunnel, der die größte Maschine der Welt beherbergt: den »Großen Hadronen-Speicherring« oder »Large Hadron Collider« (LHC). Dieser ringförmige Beschleuniger kann subatomare Kleinstteilchen (Hadronen) auf unglaubliche Geschwindigkeiten bringen und kollidieren lassen. Wissenschaftler erhoffen sich aus diesen Experimenten Aufschlüsse über die Beschaffenheit des Universums, wie z. B. zu Fragen nach Masse, Wucht und Trägheit der Körper.

▼ Der LHC muss bei niedrigsten Temperaturen laufen. Hier ist die Gefriereinheit zu sehen.

▶ Diese Computersimulation des LHC-Detektorbildschirms zeigt, wie ein Higgs-Teilchen gefunden wird und beim Zerbersten einen Nebel subatomarer Teilchen versprüht.

◀ Mithilfe starker Magnete beschleunigt der LHC in einer Röhre Teilchen in entgegengesetzter Richtung, um sie frontal zusammenstoßen zu lassen. Spezielle Sensoren messen die dabei freigesetzten neuen Kleinstteilchen.

▼ Ein Crashtest macht die Wirkung der Wucht sehr deutlich – der Wagen ist bereits eingedrückt, während die Puppe noch fliegt.

Die Suche nach dem Higgs-Teilchen

Kräfte wie Elektromagnetismus können von winzigen Botenteilchen, den »Bosonen«, transportiert werden. Man weiß nicht wirklich, was Masse ist oder warum Dinge der Trägheit unterliegen. Vielleicht lässt sich alles mit dem Higgs-Boson erklären:

Stell dir vor, ein weiblicher Star kommt auf eine Party. Während sie hereinschwebt, sammeln sich ihre Fans um sie (die Higgs-Bosonen) und geben ihr mehr Masse. Die Fans schränken ihre Bewegungen ein (Trägheit), doch wenn sie sich alle gemeinsam in Bewegung setzen, geben sie ihr auch Schwung.

Wissenschaftler erhoffen sich, das geheimnisvolle Higgs-Boson unter den zerschlagenen Partikeln im LHC zu finden.

Schwung

Ist ein Gegenstand erst mal in Bewegung, wird er nur durch Widerstand wieder gestoppt; seine Masse treibt ihn immer weiter an. Aus diesem Grund kreisen Planeten um die Sonne und nehmen rasende Achterbahnen die nächste Anhöhe. Es gibt keinen besseren Beweis für aktive Schwungkraft als den Crashtest. Rast das Testauto in eine Wand, wird die Testpuppe durch Schwung ihre Bewegung fortsetzen – und kracht ebenfalls gegen die Wand.

◀ Der Kugelstoßer muss für den Siegeswurf die Trägheit so weit wie möglich überwinden.

Trägheit

Gegenstände an sich sind durch ihre Masse träge und gebunden. Sie lassen sich nur durch Krafteinsatz bewegen. Darum müssen Kugelstoßer so stark sein, um die schwere Kugel zu bewegen.

Masse

Schwung und Trägheit hängen von der Masse ab – und ihrem Stoff. Je schwerer (je massiver) etwas ist, umso mehr Trägheit, aber auch Schwung kann es entwickeln.

Entfesselte ENERGIE

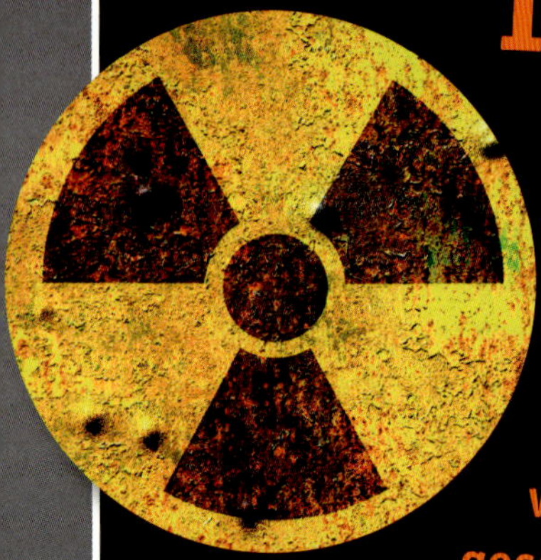

In der Regel sind Atomkerne stabil, doch es gibt auch Ausnahmen. Kerne können sich auflösen (Radioaktivität) oder teilen (Kernspaltung). Unter großem Druck können unterschiedliche Kerne verschmelzen (Kernfusion). Bei diesen Vorgängen werden Materie und Energie frei - gesetzt – die Strahlung. Das Universum ist voll von natürlicher Strahlung. Die Energie der Kernfusion bringt Sterne zum Leuchten. Menschen nutzen diese Prozesse, um Energie zu gewinnen oder die Atombombe zu bauen – die zerstörerischste Waffe aller Zeiten.

Solarenergie

Die Sonne scheint, weil sich durch ihre Größe in ihrem Kern ein enormer Druck aufbaut – so groß, dass Kerne von Wasserstoffatomen verschmelzen und Helium bilden. Die Energie jeder einzelnen dieser Kernfusionen mag gering sein; doch die gigantische Menge der beteiligten Atome lässt im Innern der Sonne eine Hitze von bis zu 15 Millionen °C entstehen und ihre Oberfläche weiß glühen.

Radioaktivität

Atomkerne bestehen aus Protonen und Neutronen. Es können drei Arten von Radioaktivität entstehen:

Alphazerfall, wenn ein Alphateilchen (zwei Neutronen, zwei Protonen) sich vom Kern abspaltet;

Betazerfall, wenn ein Neutron sich spaltet, um ein Proton zu bilden – dabei werden ein Betateilchen (ein Elektron) und ein Antineutrino-Teilchen frei.

Gammastrahlen kommen nicht aus dem Kern. Sie werden als eine Art elektromagnetischer Strahlung wie Licht von den Elektronen ausgeschieden.

Kernspaltung

Normaler Treibstoff nimmt in U-Booten viel Platz weg. Deshalb werden heute viele von Nuklearreaktoren angetrieben. Sie geben durch die Spaltung von Uran-Atomen Hitze ab, die Dampf erzeugt, mit dem die Turbinen des U-Bootes bewegt werden. Nur einige Uran-Brennstäbe genügen, um ein U-Boot auf vielen langen Reisen mit Energie zu versorgen.

◀ Mit Kernenergie können U-Boote für sehr lange Zeit unter Wasser bleiben.

▼ Mit der Radiokarbonmethode konnten Wissenschaftler das Alter des Tollund-Mannes, einer dänischen Moorleiche, auf das 4. Jahrhundert v. Chr. bestimmen.

Die größte Bombe, die je explodierte, war eine russische H-Bombe von 50 Megatonnen. Sie detonierte im Oktober 1961 auf Novaja Semlja in Ostsibirien.

▶ Thermonukleare Bomben nutzen Atomsprengsätze, um eine massive Wasserstoffbombe zu zünden. Hier eine Testzündung 1958 im Pazifik.

Radiokarbonmethode

Kohlenstoff (Karbon) kommt in verschiedenen Arten, den sogenannten Isotopen, vor. Ein Isotop, C14, ist radioaktiv. Wenn ein Lebewesen stirbt, beginnen die C14-Atome in ihm in konstantem Tempo zu zerfallen. Wenn man eine Probe entnimmt und die verschiedenen Kohlenstoffteilchen zählt, kann man an dem Verhältnis von C14 zu den anderen den ungefähren Todeszeitpunkt bestimmen. Dieses Vorgehen heißt Radiokarbonmethode und ist eines der wertvollsten Werkzeuge der Archäologie.

H-Bombe

Die Atombombe, die 1945 Hiroshima zerstörte, arbeitete mit der Spaltung großer Atome wie Uran und Plutonium. Noch schlimmere Bomben sind die Wasserstoffbomben, auch H-Bomben oder thermonukleare Bomben genannt. Die Zündung einer kleinen äußeren Atombombe verursacht die Kernschmelze eingeschlossener Wasserstoffteilchen.

Verstrahlungsgefahr

Dauerhaft starker Strahlung ausgesetzt zu sein, ist sehr gefährlich. Gammastrahlen sind am gefährlichsten, weil sie die Haut durchdringen. Größere Partikel, wie bei der Alpha- und Betastrahlung, sind erst mit Verzögerung wirksam. Wenn sie in die Nahrungskette gelangen, verursachen sie Krankheiten – Übelkeit, Krebs oder sogar den Tod.

◀ Bei dem Unfall 1986 in Tschernobyl (Ukraine) wurde Strahlung freigesetzt, die sich mit dem Wind über ganz Europa verbreitete. Die rote Farbe auf dem Satellitenbild weist auf Radioaktivität rund um den Reaktor hin.

URKNALL

0 Sekunden
Ein kleiner heißer Ball wuchs auf Fußballgröße an und kühlte dann auf (nur) 10 Milliarden Milliarden °C ab.

	10^{27} °C	10^{12} °C
	10^{-32} Sekunden	3 Minuten

10^{-43} Sekunden
In der »Planck-Ära« waren die vier Grundkräfte – Schwerkraft, Elektromagnetismus und die beiden Nuklearkräfte – noch als Urkraft vereint.

10^{-32} Sekunden
Sekundenbruchteile später spalteten sich die Kräfte. Das All wuchs schlagartig Billiarden Mal, von kleiner-als-ein-Atom auf größer-als-eine-Galaxie. Diesen Vorgang nennt man Inflation.

10^{-12} Sekunden
Das Universum war ein Meer von Teilchen, wie Quarks und Gluonen, die Masse anreicherten.

3–20 Minuten
Die vier Grundkräfte zogen die Dinge zusammen. Quarks und Gluonen verbanden sich. Sie formten den Kern des kleinsten Atoms, Wasserstoff. Danach entstand der Heliumkern.

300 000 Jahre
Die ersten Atome entstanden und bildeten Gase.

1 Million Jahre
Gase stockten wie saure Milch in langen Strängen (Filamenten), die von weiten, dunklen Hohlräumen durchzogen waren.

Sterne bewegen sich von uns weg. Dies könnte astronomisch darauf hinweisen, dass das Universum sich sehr schnell ausdehnt. Also müsste es früher kleiner gewesen sein. Tatsächlich nimmt man heute an, dass es kurz vor dem Urknall vor ca. 13,5 Milliarden Jahren kleiner war als ein Atom. Mit dem Urknall schwoll es mit solcher Macht und Geschwindigkeit an, dass Wissenschaftler nicht sicher sind, ob es überhaupt einmal endet.

2726 °C	253,15 °C	-270 °C
300 000 Jahre	1 Milliarde Jahre	Heute (13,7 Milliarden Jahre)

Lichtgeschwindigkeit

Beobachten Astronomen eine Galaxie, die 3 Millionen Lichtjahre entfernt ist, dann sehen sie sie so, wie sie vor 3 Millionen Jahren gewesen ist. Denn das Licht dieser Galaxie braucht 3 Millionen Jahre, bis es uns erreicht. Lichtgeschwindigkeit ist zwar schnell – aber nur nach unseren Maßstäben, nicht für die Entfernungen im Weltall.

Wissenschaftler fanden heraus, dass der Urknall eher wie ein tiefes Summen oder das Brummen eines Düsenjets geklungen haben muss.

0,5–1 Milliarde Jahre
Die Filamente verklumpten nach und nach zu Wolken. Klumpen in den Wolken bildeten Sterne und Galaxien.

4,567 Milliarden Jahre
Das Sonnensystem entstand – mit der Sonne im Mittelpunkt und den Planeten.

Heute
Die Sonne hat ungefähr ihr halbes Leben hinter sich, doch es bilden sich ständig neue Sterne und Planeten.

S/C
NITROUS
pro-

Coole Maschinen

Entdecke die faszinierenden Technologien, die sich die Menschen ausgedacht haben.

◀ Ein Top-Fuel-Dragster verbrennt Gummi, wenn er seine Reifen vor dem Start aufwärmt. Kein Wagen auf der Welt kann schneller beschleunigen! Top-Fuel-Dragster erreichen 320 km/h in weniger als 2,5 Sekunden.

AB INS ALL

◀ Das Spaceshuttle »Columbia« hebt mithilfe seiner beiden gigantischen Starttriebwerke ab. Etwa zwei Minuten nach dem Start fallen diese ab.

Raketen vollbringen wahre Meisterleistungen. Beim Verlassen der Erde überwinden sie die starke Erdanziehungskraft und sind dabei auch noch schwer bepackt: Zu ihrem eigenen Gewicht kommen riesige Mengen an Treibstoff sowie Satelliten, Astronauten oder Raumsonden, die ins All gebracht werden müssen. Dies gelingt ihnen nur mit sehr viel Schubkraft.

Vorbereitung zum Start

Nachdem eine Rakete gebaut und überprüft wurde, wird sie auf einem großen Raupenschlepper zur Abschussrampe gebracht. Dort wird sie aufrecht stehend mit Treibstoff befüllt und ihr Start wird programmiert. Am Ende des Countdowns springen die Triebwerke an. Sie verbrauchen sehr viel Treibstoff: Ein Triebwerk an der »Saturn V« verbrauchte 788 kg Treibstoff pro Sekunde – genug, um 260 Flugzeuge vom Typ »Boeing 747« anzutreiben. Dazu kommen noch 1790 kg flüssiger Sauerstoff.

Die neue »Atlas V«-Rakete der NASA ist 58 m hoch und wiegt 334 500 kg.

▼ Ein neues »Ares I«-Feststofftriebwerk wird am Boden getestet und erzeugt dabei eine Schubkraft von beeindruckenden 1,6 Millionen kg. Die Rakete ist 47 m lang und verbraucht 317 500 kg Treibstoff pro Minute.

Der richtige Antrieb

Starttriebwerke treiben Raumfahrzeuge beim Start an. Es handelt sich dabei um Feststoffraketen mit einer Mischung aus Treibstoff und Oxidator. Sie sind schnell verbraucht – die der »Ariane 5« hielten gerade einmal 130 Sekunden. Danach lösen sie sich vom Raumfahrzeug, damit es auf seinem Weg ins All leichter wird.

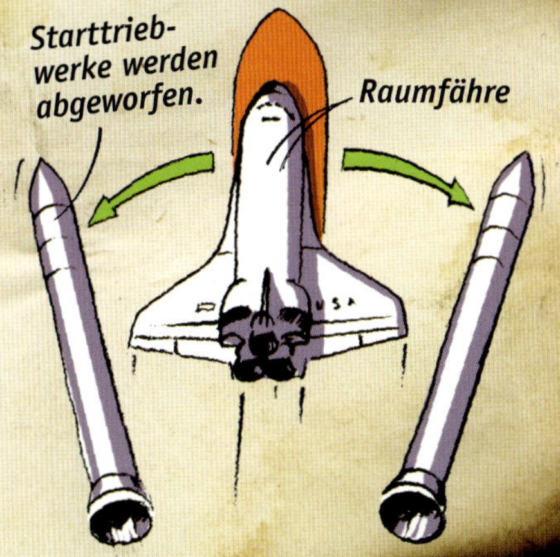

»Saturn V« hebt mit der Mondfähre »Apollo 15« vom Kennedy Space Center in Florida ab. In den ersten 150 Sekunden verbrannte die Rakete 2 Millionen kg Treibstoff.

Eine enorme Schubkraft

Die Kraft von Raketentriebwerken ist wirklich phänomenal. Die »Saturn V« brachte zwischen 1969 und 1972 etliche Astronauten zum Mond. Sie besaß fünf F1-Raketentriebwerke, jedes mit einer Schubkraft von 691 818 kg. Das entspricht in etwa der Kraft von einer halben Million Sportwagen! Die F1-Triebwerke liefen nur 2,5 Minuten lang, doch in dieser Zeit brachten sie die »Saturn V« in eine Höhe von 68 km. Als sie sich abschalteten, schoss die Rakete mit über 9900 km/h davon.

Robert Goddard startete 1926 die erste flüssigkeitsgetriebene Rakete. Sie war 3,4 m lang und wog nur 2,7 kg.

Die Mischung macht's

Ein Raketentriebwerk braucht Sauerstoff, doch den gibt es im Weltraum nicht. Aus diesem Grund haben Raketen Tausende Liter Oxidationsmittel (Stoffe, mit deren Hilfe Sauerstoff hergestellt werden kann) an Bord. Wenn man Oxidationsmittel und Treibstoff vermischt und verbrennt, stoßen die Düsen der Rakete große Mengen heißer Gase mit hohem Druck aus – oft mit einer Geschwindigkeit von über 3800 m/s.

Roboter in GEFAHR

Manche Roboter arbeiten an Orten, an denen es für Menschen zu gefährlich ist, z. B. weil dort giftige Chemikalien oder radioaktive Strahlung ausgetreten sind. Auch in Gebäuden, die einzustürzen drohen, könnten Menschen verletzt oder getötet werden.

▼ Ein Bombenroboter der britischen Armee nähert sich einem Auto, um eine darin vermutete Bombe zu entschärfen.

Bombenroboter

Spezielle Roboter untersuchen und entschärfen Kampfmittel, die noch nicht explodiert sind, z. B. Minen oder Bomben. Sie führen Messungen durch, machen Fotos und schicken die Daten dann zu Experten, die einen Sicherheitsabstand einhalten. An den ausfahrbaren Roboterarmen können verschiedene Werkzeuge angebracht werden, z. B. Greifarme oder Wasserwerfer.

Bergungsroboter

Nach einem Unfall oder einer Katastrophe suchen Roboter nach Überlebenden. Manche Roboter können sich durch Rohre oder Schutt schlängeln, gefährliche Gase erkennen oder in Trümmern Überlebende entdecken. Mit Mikrokameras senden sie den Bergungsarbeitern Bilder. Bergungsroboter halfen z. B. nach dem Einsturz des World Trade Centers 2001 und nach dem Hurrikan Katrina in New Orleans. Auch nach dem schweren Erdbeben in Japan 2011 kamen sie zum Einsatz.

◀ Der Bergungsroboter »Blue Dragon« klettert über Schutt. Mit einem CCD-Kamera-Sensor sucht er die Umgebung ab.

▶ Tauchroboter setzen Käfige mit Ködern ab, damit Wissenschaftler die angelockten Tiere erforschen können.

2004 bargen die Roboter »Scorpio« und »Super Achilles« die Flugschreiber einer Boeing 737, die ins Rote Meer gestürzt war.

Tiefseetaucher

Stabile Robotergehäuse können auch dem Wasserdruck in großer Tiefe standhalten. Diese Roboter untersuchen gefährliche Stellen am Meeresgrund, z. B. in der Nähe von unterseeischen Vulkanen. Außerdem erforschen sie die Wracks abgestürzter Flugzeuge und gesunkener Schiffe. Das Unterwasserfahrzeug »Jason« untersuchte das Wrack der »Titanic« in 4 km Tiefe auf dem Grund des Atlantiks.

Hilfe, es brennt!

Hitze, giftiger Rauch und einsturzgefährdete, brennende Gebäude: Ein Feuerwehrmann hat einen der gefährlichsten Jobs überhaupt. Deshalb unterstützen Roboter wie »Firerob« und »FFR1« Feuerwehrleute bei der Brandbekämpfung. »Firerob« erträgt Temperaturen, bei denen Menschen längst verbrennen würden: bis zu 1250 °C.

▲ *»Guardrobo D1« bemerkt Temperaturveränderungen und Rauch. So entdeckt er kleine Brände und löscht sie mit seinem eigenen Feuerlöscher.*

Rasende DRAGSTER

Kein Auto beschleunigt so schnell wie ein Dragster. Paarweise treten diese Geschwindigkeitskönige gegeneinander an und rasen den langen, schmalen Dragstrip entlang. Die Rennen gehen entweder über eine Viertelmeile (402 m) oder eine Achtelmeile (201 m). Bei den schnellsten Dragstern dauert das Rennen kaum fünf Sekunden.

▶ Zwei Top-Fuel-Dragster rasen den Las Vegas Motor Speedway entlang. Die Fahrer müssen die Autos mit ganzer Kraft gerade halten, denn ihre Power lässt sie leicht ausbrechen.

Top-Fuel-Maschinen

Die schnellsten Rennautos nennt man Top-Fuel-Maschinen. Diese langen, schmalen Fahrzeuge bestehen aus einer Karosserie aus Stahlröhren mit einem Radstand (dem Abstand zwischen Vorder- und Hinterrädern) von 450 bis 750 cm – dreimal so groß wie bei einem normalen Auto. Ihre kräftigen Motoren befinden sich zwischen den großen Hinterrädern und werden von Rennalkohol, einer explosiven Mischung aus Nitromethan und Methanol, angetrieben. Bei einem Rennen werden ca. 60 l Benzin verbraucht.

Der Motor eines Top-Fuel-Dragsters hat etwa 8000 PS – das ist mehr als die Wagen auf den ersten zehn Startplätzen beim NASCAR-Rennen Daytona 500.

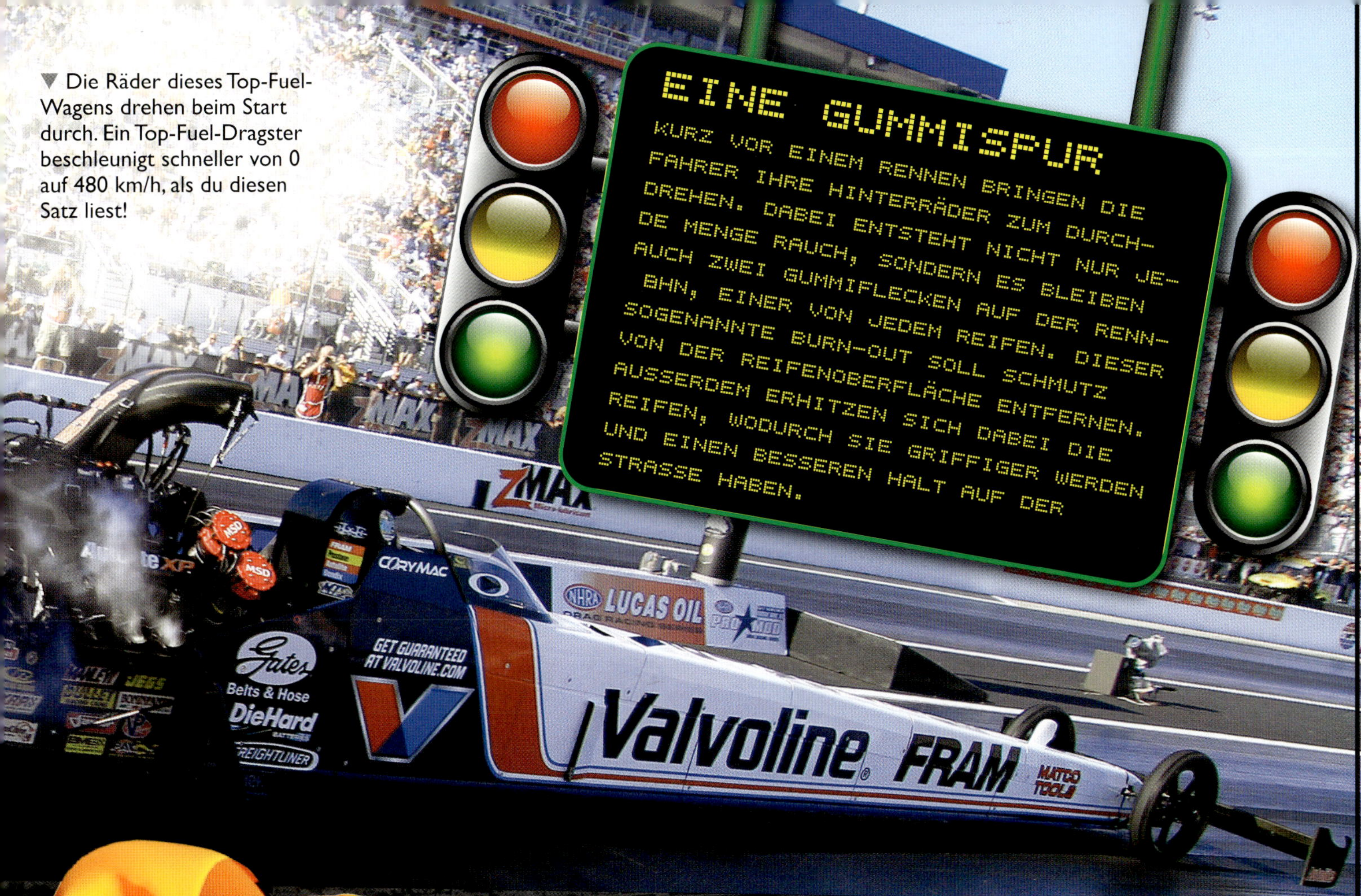

▼ Die Räder dieses Top-Fuel-Wagens drehen beim Start durch. Ein Top-Fuel-Dragster beschleunigt schneller von 0 auf 480 km/h, als du diesen Satz liest!

EINE GUMMISPUR

KURZ VOR EINEM RENNEN BRINGEN DIE FAHRER IHRE HINTERRÄDER ZUM DURCHDREHEN. DABEI ENTSTEHT NICHT NUR JEDE MENGE RAUCH, SONDERN ES BLEIBEN AUCH ZWEI GUMMIFLECKEN AUF DER RENNBAHN, EINER VON JEDEM REIFEN. DIESER SOGENANNTE BURN-OUT SOLL SCHMUTZ VON DER REIFENOBERFLÄCHE ENTFERNEN. AUSSERDEM ERHITZEN SICH DABEI DIE REIFEN, WODURCH SIE GRIFFIGER WERDEN UND EINEN BESSEREN HALT AUF DER STRASSE HABEN.

2005 erreichte Tony Schumacher die Rekordgeschwindigkeit von 540 km/h. Er beendete das Rennen in 4,4 Sekunden.

◀ Am Ende des Rennens müssen die Fahrer bremsen – und zwar schnell! Mit einem Hebel bremsen sie die Hinterräder und öffnen gleichzeitig die beiden Bremsschirme.

Schnell ins Ziel

Ihre Höchstgeschwindigkeit erreichen die Dragster kurz vor der Ziellinie. Gebremst wird mithilfe von ein oder zwei Bremsschirmen. Diese öffnen sich hinter dem Fahrzeug und verursachen damit einen Luftwiderstand, der das Auto abbremst.

Ein Dragster beschleunigt in 0,8 Sekunden von 0 auf 160 km/h.

Robosaurus

Manche Maschinen sollen keine Leben retten oder Menschen transportieren, sondern einfach nur unterhalten. Viele dieser Roboter sehen aus wie Haustiere, z. B. der AIBO von Sony – ein Roboterhund, der auf die Stimme seines Herrchens oder Frauchens reagiert. Andere Maschinen dürfen brutal sein und sollen Menschen verblüffen, überraschen oder sogar erschrecken.

Liste der Opfer

* Autos
* Boote
* Jets
* Lkws
* Kleinflugzeuge

Schreckliche Saurier

Einige Dinosaurier-Roboter versetzen die Besucher von Vergnügungsparks oder Museen in Angst und Schrecken. Manchmal werden sie ferngesteuert: Ein Mensch lenkt sie also aus einer kurzen Entfernung. Bei anderen sind dagegen bestimmte Bewegungsabläufe einprogrammiert.

Robosaurus

Der größte und gefährlichste Dinosaurier-Roboter ist zweifelsohne »Robosaurus«. Das Monster ist 13 m hoch und wiegt 27 000 kg. In seinem Stahlkopf befindet sich ein Cockpit, von dem aus ein Mensch den gigantischen Dino steuert. Der Pilot sendet Signale an die 20 hydraulischen Motoren der Maschine. So kann »Robosaurus« durch die Arena streifen, sich aufrichten und Autos und Lastwagen hochheben.

Autofresser

Am meisten beeindruckt die Zuschauer die Zerstörungswut von »Robosaurus«. Mithilfe von kräftigen hydraulischen Kolben und Zylindern können sich seine Klauen mit einer Kraft von ca. 10 900 kg schließen – das reicht, um ein Auto oder ein Flugzeug zu zerquetschen. Ebenfalls hydraulisch betrieben wird sein Maul, dessen 30 cm lange Stahlzähne Lkws durchbeißen oder ein Flugzeug zermalmen können.

Das Monster im Detail

* Kabelsteuerung für Bewegungen
* Feurige Flammenwerfer
* Konfettikanone
* Licht- und Soundeffekte
* Ohrenbetäubendes Brüllen und Knurren
* Rülpser aus dem 10 000-Watt-Soundsystem, das von zehn Autobatterien angetrieben wird

In die Tiefe TAUCHEN

U-Boote und vor allem Tauchboote tauchen zu Forschungszwecken in die Tiefe des Ozeans hinab. Schon oft haben sie dabei Schätze, Bomben oder Flugzeugteile entdeckt. Je tiefer sie tauchen, umso stärker wird der Wasserdruck und umso widerstandsfähiger müssen die Fahrzeuge sein. In 2100 m Tiefe würde ein normales U-Boot zerquetscht wie eine Blechdose.

Erforscher der »Titanic«

Mit über 4000 Tauchgängen ist »Alvin« ein echter Veteran unter den Tauchbooten. Er erforschte die »Titanic« und entdeckte eine nicht gezündete Wasserstoffbombe, die nach einer Kollision zweier Flugzeuge ins Mittelmeer gefallen war. Mit seiner verstärkten Hülle kann er drei Menschen auf engstem Raum in eine Tiefe von bis zu 4,5 km bringen. Ein Tauchgang dauert zwischen sechs und neun Stunden.

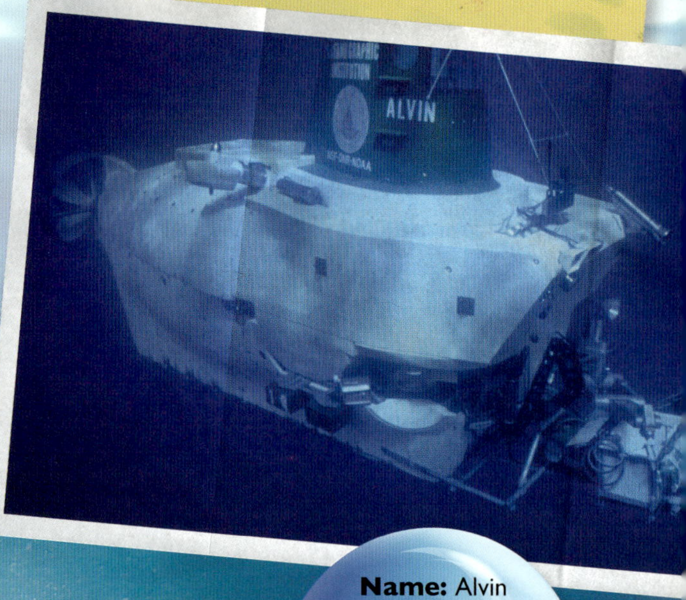

Name: Alvin
Tiefster Tauchgang: 4500 m
Größe: 7 m × 2,6 m × 4 m
Einsatz: Erforschung der Tiefsee

Name: Scubster
Tiefster Tauchgang: 6 m
Größe: 4,2 m × 2,4 m
Einsatz: Tauchgänge im flachen Wasser

Pedalantrieb

Dieses französische Mini-U-Boot wird mit Pedalen angetrieben. Sie bewegen zwei Propeller, die das Boot mit einer Geschwindigkeit von 10 km/h vorwärtstreiben. Ein Panoramafenster ermöglicht wundervolle Einblicke in die Unterwasserwelt.

Tiefer und tiefer

In »Deep Flight I« hat nur eine Person Platz. Das Fahrzeug kann bis zu vier Stunden unter Wasser bleiben. Seine sechs Außenlichter erhellen die trüben Tiefen, sodass vier Kameras Fotos vom Leben unter Wasser machen können.

1960 erreichte das Tauchboot »Trieste« den Grund der tiefsten Region des Pazifiks, eine Tiefe von 10 910 m.

Name:
Deep Flight I
Tiefster Tauchgang:
914 m
Größe: 4 m × 2,5 m
Einsatz:
Fotografie und Erforschung der Tiefsee

Durchs Wasser fliegen

Dieses Tauchfahrzeug taucht schneller als andere U-Boote – bis zu 200 m pro Minute. Das hat es seinen Flügeln zu verdanken, die umgekehrt wie die Flügel eines Flugzeugs funktionieren: Sie tragen das Tauchfahrzeug beim Fahren nach unten. »Deep Flight Aviator« hat zwei Cockpits, sodass ein Steuermann oder Pilot in der Ausbildung mitfahren kann.

Name:
Deep Flight Aviator
Tiefster Tauchgang:
457 m
Größe:
7 m × 4 m × 2 m
Einsatz:
Ausbildung von U-Boot-Kapitänen, Forschung

Name:
Typhoon
Tiefster Tauchgang:
400 m
Länge: 175 m
Einsatz:
Transport von Atomraketen

Riesen-U-Boote

In den 1970ern baute die Sowjetunion die U-Boote der »Typhoon«-Klasse, die mit 175 m definitiv die längsten U-Boote waren. Auch ohne Treibstoff, Besatzung und Vorräte brachte eine »Typhoon« stolze 20 Millionen kg auf die Waage. Auf diesem atomgetriebenen U-Boot fanden 150 Menschen Platz. An Bord befanden sich Torpedos und 20 Raketen, die gegen feindliche Schiffe eingesetzt werden konnten. Eine »Typhoon« konnte 120 Tage unter Wasser bleiben, ohne aufzutauchen.

MOTORRAD-Manie

Motorräder sind besonders vielseitige Fahrzeuge. Je nach Bauart können ihre Besitzer damit bequem lange Strecken auf der Straße zurücklegen, Rennstrecken entlangrasen oder sich im Gelände fortbewegen. Die schnellsten Motorräder, wie z. B. MotoGP-Maschinen, sind bis zu 320 km/h schnell.

Beim Training für ein MotoGP-Rennen 2009 erreichte der Honda-Fahrer Dani Pedrosa die Rekordgeschwindigkeit von 349,288 km/h.

▼ Zwei MotoGP-Räder rasen um die Kurve einer Rennbahn. Die Knie der Fahrer befinden sich nur wenige Millimeter über der Straße.

Neigungswinkel

Motorradfahrer verlagern ihr Gewicht auf dem Sitz so, dass sie ihre Maschine kontrollieren und zugleich das Gleichgewicht halten können. Wenn sie sich in die Kurven legen, neigt sich das Motorrad zur Seite. Da bei Motorradrennen die Kurven sehr schnell genommen werden, müssen sich die Fahrer weit zur Fahrbahn hinunterneigen.

Schlammverkrustet

Motocrossräder müssen sehr robust sein, damit sie Fahrten über unebenes Gelände, durch enge Kurven, Schlamm und Dreck aushalten. Ein Motocrossrad hat außerdem ein starkes Federungssystem, damit die Räder möglichst viel Bodenkontakt haben. Über ein Kabel, den sogenannten Notausschalter, ist der Fahrer mit dem Zündschloss des Motorrads verbunden. Bei einem Sturz wird dadurch sofort der Motor abgestellt.

▶ 1250 Motocrossfahrer nehmen am Rennen von Weston Beach, GB, teil. Die Reifen ihrer Motorräder haben ein raues, fast knubbeliges Profil, damit sie auf dem lockeren Sand Halt finden.

Die Suzuki Hayabusa kann in 2,7 Sekunden von 0 auf 100 km/h beschleunigen. Das Motorrad wird bis zu 300 km/h schnell.

Eisrennen

Bei einem Motorrad-Speedwayrennen rasen vier Maschinen ohne Bremsen um eine schmale ovale Sandbahn. Das Rennen ist anspruchsvoll und actionreich. Doch das genügt einigen Rennfahrern noch nicht: Sie fahren lieber auf Rennbahnen aus Eis und werden dabei bis zu 130 km/h schnell.

Ein Hinterreifen hat 200 bis 300 Spikes, um der Maschine Halt auf dem Eis zu geben.

Spionage-ROBOTER

Menschen sind immer dann gute Spione, wenn es darauf ankommt, das Vertrauen anderer Menschen zu gewinnen. Für manche andere Einsätze sind Roboter besser geeignet: Sie dringen in gefährliche Gegenden vor und übermitteln ihre Entdeckungen den Menschen, die sie steuern. Und wenn ein Spionage-Roboter gefangen genommen wird, plaudert er keine Geheimnisse aus.

▼ *Der Einsatz eines »Global Hawk« kann bis zu 24 Stunden dauern.*

Drohnen

Unbemannte Luftfahrzeuge (Drohnen) sind die häufigsten Spionage-Roboter. Der winzige »Sentry Owl« passt in den Rucksack eines Soldaten. Er ist in wenigen Minuten zusammengebaut und wird dann mit einer Art Katapult in die Luft gebracht. Mit einer Spannweite von 35,4 m ist »Global Hawk« sehr viel größer. Drohnen spionieren aus der Luft – mit starken Objektiven und Wärmebildkameras, die nachts die Körperwärme von Menschen oder die Wärme von Motoren registrieren. Oft sind sie dabei tagelang unterwegs. 2008 war »QinetiQ Zephyr« 14 Tage ohne Zwischenlandung im Einsatz.

▼ *»Cypher« schwebt durch das Modell einer Straße in Fort Benning in Georgia, USA. Die 1,2 m langen Rotorblätter im Inneren des Flugroboters ermöglichen ihm eine Geschwindigkeit von bis zu 97 km/h.*

Völlig losgelöst ...

Flugroboter können in einer bestimmten Höhe schweben und dabei Fotos und Videoaufnahmen z. B. von Menschen in Hochhäusern anfertigen. Der Roboter »Cypher« sieht aus wie ein UFO und kann eine Stunde lang schweben und dabei Fotos machen. Schon bald werden diese schwebenden Spione auch Internetaktivitäten überwachen und sich in WLAN-Modems einloggen können, um so E-Mails auszuspionieren.

Blick nach vorn

Auch auf dem Boden wird häufig spioniert. Kriechende Spähroboter mit Kameras und Sensoren, die Sprengstoff aufspüren, bilden oft die Vorhut von Polizeieinheiten oder Truppen. Per Funk senden sie Bilder und Informationen an die Menschen, die in sicherer Entfernung warten. Roboter wie »Packbot« oder »Matilda« mit ihren ausfahrbaren Armen spionierten schon Höhlen, Tunnel und Gebäude im Irak aus. Dabei konnten sie die Truppen vor tödlichen Überraschungen wie Sprengfallen, Minen und feindlichen Soldaten warnen.

▶ Der schmale Roboter »Warrior« kann größere Hindernisse überwinden und sogar Stufen hinaufsteigen. Mit Kameras und anderen Spionagegeräten erkundet er Gebäude.

▼ Mit Kameras und Mikrofonen überträgt ein »WowWee Rovio« alles, was er sieht und hört, an seinen Besitzer, der weit entfernt sein kann.

Allein zu Hause?

Roboter wie »Fujitsu Maron-1«, »Tmsuk Banyru« oder »WowWee Rovio« können auch euer Haus überwachen. Ihre Sensoren registrieren unerwartete Bewegungen, z. B. von Einbrechern. Sie filmen die Eindringlinge, zeichnen ihre Gespräche auf und übermitteln diese Informationen dann über das Internet den Hausbesitzern.

Spionierende Insekten

Mikroflugzeuge sind Drohnen, die ungefähr so groß wie Insekten sind. Oft haben sie winzige Kameras und Abhörgeräte an Bord, mit denen sie Gespräche aufzeichnen und sie dann per Funk an die Basisstation übertragen. Schon bald könnten ganze Scharen dieser relativ billigen Drohnen in große Gebiete ausschwärmen und dort nach bestimmten Chemikalien oder einer Person, deren Gesicht sie gespeichert haben, suchen.

◀ Der Roboter »Delfly« besitzt eine winzige Kamera und wiegt nur 3 g. Er fliegt, indem er mit den Flügeln schlägt.

Achterbahn-ACTION

In einem Vergnügungspark sorgen Achterbahnen immer für den größten Nervenkitzel. Die Waggons auf Schienen verschaffen ihren Passagieren durch plötzliche Änderungen in der Geschwindigkeit, durch schwindelerregende Höhen und scharfe Kurven und Dreher den ultimativen Kick.

▲ Jede Stunde suchen Hunderte auf der loopingreichen Achterbahn »Colossus« im Thorpe Park, GB, das Abenteuer.

▲ Die 690 m lange »Infusion« in Blackpool, GB, lässt ihre Passagiere in Sesseln von den Schienen hängen.

Einfach mal abhängen

Wenn die Waggons an den Schienen hängen, bekommen die Passagiere einen Blick auf den Boden, der ihnen weiche Knie beschert. In New Jersey und Georgia, USA, steht eine Achterbahn namens »Superman: Ultimate Flight«. Hier neigen sich die Waggons so, dass die Passagiere mit dem Gesicht nach unten hängen. Ihr Körper schwebt mit einer Geschwindigkeit von 96 km/h parallel zum Boden – wie der fliegende Superheld.

Geschwindigkeitsrausch

Achterbahnen benutzen verschiedene Antriebssysteme, um zu starten und Geschwindigkeit aufzubauen. Moderne Achterbahnen wie »Kingda Ka« in New Jersey, USA, haben einen hydraulischen Startmechanismus mit gigantischen hydraulischen Pumpen. Diese treiben eine Winde an, die die Waggons atemberaubend schnell über die Schienen zieht. Innerhalb von nur 3,5 Sekunden erreichen sie 206 km/h!

▼ Eine Fahrt auf der »Kingda Ka« dauert nur 56 Sekunden vom Start bis zur Ankunft.

Um die Kurve

Die Gleise einer Achterbahn winden sich in verschiedenen Kurven. Einige sind sehr ausgedehnt, damit die Passagiere das Gefühl bekommen, aus der Bahn hinauszufallen. Oft rasen die Waggons auch durch scharfe Haarnadelkurven. In der ultimativen Kurve, auch Inversion genannt, stehen die Passagiere auf dem Kopf. Die einfachste Inversion ist ein Looping, ein senkrechter Kreis. Mit ihren 850 m ist die »Colossus« im Thorpe Park, GB, zwar nicht besonders lang, doch bietet sie in der Fahrtzeit von 1 Minute und 45 Sekunden zehn Inversionen: Weltrekord!

»Dodonpa« in Japan ist die Achterbahn mit der schnellsten Beschleunigung. In 1,8 Sekunden erreicht sie eine Geschwindigkeit von 172 km/h.

»Kingda Ka« stürzt 127 m in die Tiefe: Weltrekord!

Der Blick von oben

Tiefe Stürze

Eine Achterbahn wird sehr sorgfältig geplant, damit sie den Passagieren möglichst viel sicheren Nervenkitzel bietet. Bei vielen Achterbahnen gibt es gigantische senkrechte oder fast senkrechte Stürze vom höchsten Punkt der Bahn bis knapp über dem Boden. Die »Top Thrill Dragster« in Ohio, USA, stürzt 122 m in die Tiefe.

Monster-TRUCKS

Lkws sind sehr vielseitig: Sie transportieren Baumaterial an Baustellen oder befördern Frachten von Stadt zu Stadt. Manche Lkws haben jedoch nur einen Zweck: Unterhaltung. Die Monstertrucks führen Stunts und Sprünge vor, zerquetschen Autos und treten in Hindernisrennen gegeneinander an.

▼ Eine aufregende Kraftprobe: Zwei Monstertrucks machen alte Autos platt. Ihre Höchstgeschwindigkeit liegt meist bei 80–140 km/h.

Wie groß ist Bigfoot?

Höhe: 4,7 m
Breite: 4 m
Gewicht: 12 700 kg
Gewicht der Reifen: 1100 kg

Super-Stunts

Monstertrucks können beeindruckende Stunts ausführen. 1999 donnerte »Bigfoot 14« von einer Rampe und sprang 61,6 m weit über eine Boeing 727. Die Windschutzscheiben dieser Fahrzeuge bestehen meist aus einem durchsichtigen, unzerbrechlichen Kunststoff namens Lexan. Monstertruck-Fahrer tragen Helme und feuerbeständige Anzüge. Mit Gurten sind sie auf den Sitzen gesichert.

Monsterbauweise

Die Karosserie eines Monstertrucks umschließt einen robusten Rahmen aus Stahlröhren. Sie sitzt hoch über den gigantischen Rädern und hat eine stabile Radaufhängung, damit der Wagen über andere Fahrzeuge fahren kann. Der Motor treibt alle vier Räder an. Die Reifen sind normalerweise 1,7 m hoch und 1,1 m breit, der Wagen wiegt insgesamt gut 4500 kg.

▼ Mit 3 m Durchmesser und 1,2 m Breite sind die Reifen von »Bigfoot 5« groß genug, dass ein Mann aufrecht darin stehen kann.

▼ »Liebherr T 282B« kann riesige Lasten von bis zu 327 000 kg tragen.

Kipper

Noch größer als »Bigfoot« sind die gigantischen Kipplastwagen, mit denen im Bergbau Steine und Geröll transportiert werden. Der Kipper »Liebherr T 282B« ist 14,5 m lang und 8,7 m breit. Allein sein Motor wiegt über 9000 kg.

Jede Menge Dummys

Crashtest-Dummys sind Modelle echter Menschen, die in Autos oder auf Motorräder gesetzt werden. Mit ihrer Hilfe können die Prüfer die Auswirkungen eines Unfalls auf Menschen analysieren. Es gibt Dummys in Frauen-, Männer- und in Kinderausführung. Die neuesten Crashtest-Dummys kosten bis zu 140 000 Euro.

KNALL! CRASH!

Knall! – Metall wird zerknautscht, Glas zerbricht. Jedes Jahr passieren auf der Welt Tausende von Autounfällen. Doch Autos werden immer sicherer, und das ist zum Teil auf Crashtests zurückzuführen. Hier werden Autos genau geprüft, bevor sie auf den Markt kommen. Die Tests sollen die Wagen sicherer machen.

Die Verdienste der Crashtests

Crashtests helfen herauszufinden, welche Autos nicht sicher sind. Unsichere Autos kommen also gar nicht erst auf den Markt. Außerdem wird auf der Basis von Crashtests die Sicherheit von Autos weiterentwickelt. Ihnen haben wir Neuerungen wie z. B. Airbags und den Seitenaufprallschutz in Autotüren zu verdanken.

▲ Farbige Markierungen auf dem Gesicht eines Crashtest-Dummys zeigen im Abdruck, wo das Gesicht auf dem Airbag aufprallt.

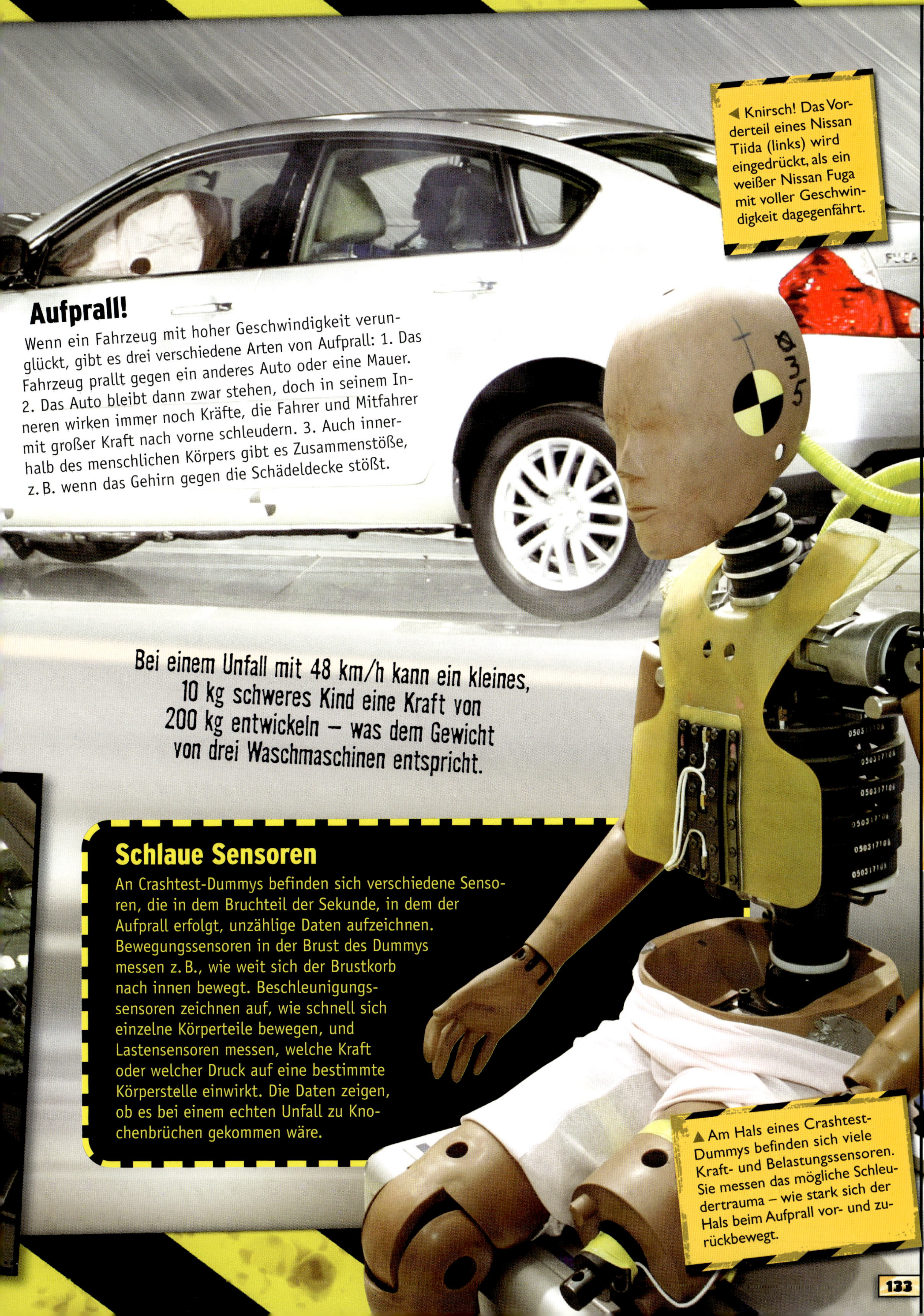

◀ Knirsch! Das Vorderteil eines Nissan Tiida (links) wird eingedrückt, als ein weißer Nissan Fuga mit voller Geschwindigkeit dagegenfährt.

Aufprall!

Wenn ein Fahrzeug mit hoher Geschwindigkeit verunglückt, gibt es drei verschiedene Arten von Aufprall: 1. Das Fahrzeug prallt gegen ein anderes Auto oder eine Mauer. 2. Das Auto bleibt dann zwar stehen, doch in seinem Inneren wirken immer noch Kräfte, die Fahrer und Mitfahrer mit großer Kraft nach vorne schleudern. 3. Auch innerhalb des menschlichen Körpers gibt es Zusammenstöße, z. B. wenn das Gehirn gegen die Schädeldecke stößt.

Bei einem Unfall mit 48 km/h kann ein kleines, 10 kg schweres Kind eine Kraft von 200 kg entwickeln – was dem Gewicht von drei Waschmaschinen entspricht.

Schlaue Sensoren

An Crashtest-Dummys befinden sich verschiedene Sensoren, die in dem Bruchteil der Sekunde, in dem der Aufprall erfolgt, unzählige Daten aufzeichnen. Bewegungssensoren in der Brust des Dummys messen z. B., wie weit sich der Brustkorb nach innen bewegt. Beschleunigungssensoren zeichnen auf, wie schnell sich einzelne Körperteile bewegen, und Lastensensoren messen, welche Kraft oder welcher Druck auf eine bestimmte Körperstelle einwirkt. Die Daten zeigen, ob es bei einem echten Unfall zu Knochenbrüchen gekommen wäre.

▲ Am Hals eines Crashtest-Dummys befinden sich viele Kraft- und Belastungssensoren. Sie messen das mögliche Schleudertrauma – wie stark sich der Hals beim Aufprall vor- und zurückbewegt.

Bohrinseln

Öl ist ein wichtiger Rohstoff. In Kraftwerken dient es als Brennstoff, als Benzin treibt es Fahrzeuge an. Außerdem kann es zu Kunststoff weiterverarbeitet werden. Die Maßeinheit für Öl ist das Barrel (158,9 l). Jedes Jahr verbrauchen die Menschen auf der Erde 30 Milliarden Barrel Öl. Die Nachfrage ist gigantisch und nimmt von Tag zu Tag zu. Deswegen wird auch im Wasser nach Öl gebohrt, und zwar nicht nur in Küstennähe, sondern auch weit draußen auf dem Meer. Diese Bohrinseln fördern heute ein Fünftel des gesamten Öls.

▼ Die Bohrinsel »Petronius« im Golf von Mexiko erhebt sich 75 m über das Wasser. Weitere 535 m liegen unter der Wasseroberfläche.

Turmhoch

Der höchste Teil einer Bohrinsel ist ihr Bohrturm. Er trägt das Gewicht des Bohrstrangs und des Bohrmeißels, der aus Rädern mit kräftigen, scharfen Zähnen besteht. Diese bohren sich durch das Gestein, um an das Öl heranzukommen. Eine Mischung aus Wasser, Ton und Chemikalien, der sogenannte Bohrschlamm, wird nach unten gepumpt, um den Bohrmeißel zu kühlen.

Feuerzauber

Das Öl wird zunächst in die zahlreichen Tanks der Bohrinsel gepumpt. Einige Bohrinseln sind über eine Pipeline direkt mit der Küste verbunden. Oft stößt man bei Bohrungen auf Erdgasvorkommen. Ein Teil dieses Gases wird auf der Bohrinsel zum Heizen und für die Warmwasserbereitung verwendet. Der Rest wird vom Öl weggeleitet und dann »abgefackelt«, d. h. am Ende eines langen Stahlarms an der Seite der Bohrinsel verbrannt.

◀ Hier wird Erdgas abgefackelt, das bei einer Bohrung im Persischen Golf gefunden wurde.

Die Bohrinsel kann jeden Tag 50 000 Barrel (8 000 m³) Öl fördern.

Die Bohrinsel wird von einem stabilen Stahlrahmen getragen.

Gigantische Bohrinseln

Es gibt mehrere Arten von Bohrinseln. Sogenannte Halbtaucher treiben mithilfe von riesigen luftgefüllten Pontons auf dem Wasser und werden zur Bohrstelle geschleppt. Dann wird die Luft in den Pontons durch Wasser ersetzt, damit die Insel sinkt. Mit großen, schweren Ankern wird sie schließlich im Meeresgrund verankert. Feste Bohrinseln bestehen dagegen aus riesigen Betonsockeln oder hohen, schmalen Türmen aus Beton und Stahl. Sie sind tief im Meeresgrund verankert.

Alarm!

Feuerlöschboote versuchen, die Flammen auf der Bohrinsel »Deepwater Horizon« im Golf von Mexiko zu löschen. 2010 stürzte die Bohrinsel ein und riesige Mengen Öl strömten ins Meer. Das hatte katastrophale Folgen für das Leben im Meer und an der Küste.

JET-ANTRIEB

Jets sind als Passagierflugzeuge oder Militärmaschinen im Einsatz. Sie fliegen mithilfe gewaltiger Triebwerke, die kalte Luft ansaugen, sie mit Treibstoff vermischen und anzünden. Das heiße Gas stoßen sie hinten aus und erzeugen so eine enorme Schubkraft.

Die schnellsten Flieger

Flugzeuge mit Düsentriebwerken gehören zu den schnellsten Flugzeugen überhaupt. Die allerschnellsten waren die »Concorde« und die »Tu-144«, Letztere mit einer Geschwindigkeit von 2500 km/h. Mit seinem zweistrahligen Triebwerk wurde das Militärflugzeug »F-15 Eagle« 2660 km/h schnell. Das schnellste Düsenflugzeug aller Zeiten, die »SR-71 Blackbird«, erreichte sogar 3530 km/h.

▲ Mithilfe eines Turbofan-Triebwerks mit vier kräftigen Düsen schwebt eine »Sea Harrier« über einem Schiff. Sie erreicht eine Höchstgeschwindigkeit von 1180 km/h.

Direkt nach oben

Manche Flugzeuge steuern nicht nur mit den Steuerrudern, sondern können zum Steuern den Abgasstrahl ihrer Triebwerke umleiten. Mithilfe dieser sogenannten Schubvektorsteuerung können Kampfflugzeuge schnell ihren Kurs ändern – bei Luftkämpfen eine wichtige Fähigkeit. Andere Flugzeuge führen auf diese Weise senkrechte Starts und Landungen durch. So kann eine 9400 kg schwere »AV-8B Harrier« senkrecht in die Luft steigen und sogar wie ein Hubschrauber schweben.

Eine »F-22 Raptor« könnte in weniger als einer Stunde von New York nach Miami fliegen.

▼ Eine »F-22 Raptor« (oben) dreht vor einer »F-15 Eagle« ab. Beide Flugzeuge werden von zweistrahligen Düsentriebwerken angetrieben.

Vom Ziehen des Hebels bis zum Öffnen des Fallschirms dauert es nur 3 Sekunden.

Nichts wie raus da!

Im Notfall kann der Pilot eines Düsenflugzeugs seine Maschine über einen Schleudersitz verlassen. Zuerst entfernt eine Sprengladung das Dach des Cockpits, dann treiben Raketen den Sitz mindestens 90 m vom Flugzeug weg. Gleichzeitig entfalten sich Stabilisatoren wie kleine Flügel und halten den Pilot gerade in seinem Sitz. Dann explodiert in der Kopfstütze des Sitzes eine kleine Sprengladung und legt den sogenannten Steuerschirm frei, der den Fall verlangsamt. Zuletzt öffnet sich ein großer Fallschirm, der Sitz wird abgeworfen und der Pilot schwebt sicher zur Erde hinab.

◀ Der Pilot eines Kampfflugzeuges verlässt seine Maschine über einen Schleudersitz.

Kraftwerke

Die kalte Luft wird in ein Düsentriebwerk gesaugt, verdichtet und in die Brennkammer geleitet. Dort wird sie mit Treibstoff vermischt und angezündet und erreicht dabei eine Temperatur von 900 °C. Die glühend heißen Gase verlassen das Triebwerk durch die Schubdüsen hinten am Flugzeug. Dadurch verursachen sie einen Rückstoß, der das Flugzeug nach vorne treibt.

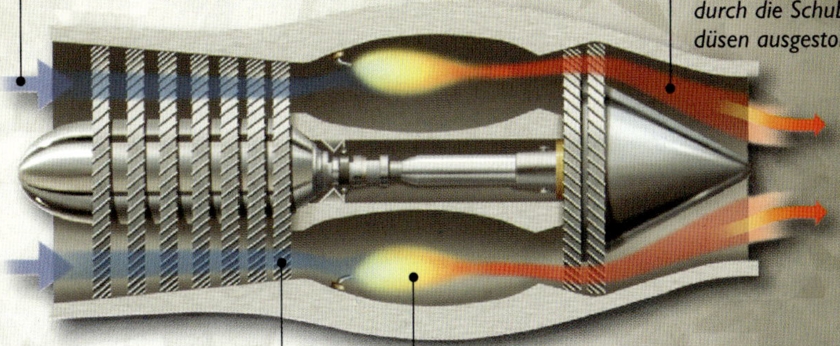

REKORD-Raser

Mit jedem Fortschritt in Maschinenbau und Technik liefern sich die Geschwindigkeitskönige ein Wettrennen: Sie entwerfen, bauen und erproben neue Fahrzeuge, um Rekorde aufzustellen und in die Geschichte einzugehen.

1947: Railton
Große Salzwüste, Utah, USA

Mit seinen zwei Flugzeugtriebwerken war »Railton« das erste Bodenfahrzeug, das schneller als 640 km/h (400 Meilen/h) fuhr.

1938: Thunderbolt
Große Salzwüste, Utah, USA

George Eystons riesiges Auto »Thunderbolt« wog 6350 kg – doppelt so viel wie die Autos seiner Rivalen. Trotzdem war es 575,3 km/h (357,5 Meilen/h) schnell.

1928: White Triplex
Daytona Beach, Florida, USA

Mit drei Flugzeugtriebwerken und Ray Keech am Steuer wurde »White Triplex« in Daytona Beach, Florida, 334 km/h (207,5 Meilen/h) schnell.

1964: Bluebird CN7
Lake Eyre, Australien

Donald Campbell stellte mit 648,7 km/h (403,8 Meilen/h) einen neuen Rekord auf.

1970: Blue Flame
Große Salzwüste, Utah, USA

Mit einer Durchschnittsgeschwindigkeit von 1014,5 km/h (630,4 Meilen/h) brach »Blue Flame« den Rekord.

1997: Thrust SSC
Black Rock Desert, Nevada, USA

Das erste Bodenfahrzeug, das die Schallmauer durchbrach, wurde vom Kampfpiloten Andy Green gefahren. Es fuhr durchschnittlich 1228 km/h (763 Meilen/h).

2012: Bloodhound SSC
Hakskeenpan, Südafrika

Dieses neue Auto wird von einer Rakete, die mit einem Eurofighter-Typhoon-Düsentriebwerk verbunden ist, angetrieben. Es soll 1610 km/h (1000 Meilen/h) schnell werden.

NOTRUF!

▼ Eine »Bombardier 415« wirft 6140 l Wasser aus ihrem Tank auf einen lodernden Waldbrand.

Bei einem Notruf oder einem Notsignal ist die Technik von Anfang an dabei. Per Satellit, Funk oder Internet alarmieren die Notrufzentralen ihre Einsatzkräfte oder andere Helfer wie Polizei oder Bergrettung. So können die Rettungskräfte ihre Einsätze schnell planen und aufeinander abstimmen.

Wasserbomben

Brände im trockenen Buschland oder in Wäldern geraten manchmal außer Kontrolle. Als riesige Flächenbrände bedrohen sie dann Städte und Dörfer und verwüsten Häuser und Ackerland. Hier helfen Löschflugzeuge und -hubschrauber, die große Mengen Wasser über den Waldbränden abwerfen. Manche Modelle werden zwischendurch am Flughafen wieder aufgefüllt. Andere, wie die »Bombardier 415«, nehmen Wasser direkt aus Seen oder dem Meer auf.

◀ Ein Löschflugzeug fliegt über die Wasseroberfläche. Dabei füllt es in nur 15 Sekunden seine Wasservorräte auf und fliegt dann zum Brand zurück.

▼ Die »L'Astrolabe« durchbricht auf ihrem Weg in die Antarktis meterdickes Eis. An Bord: 12 Crewmitglieder und bis zu 50 Passagiere.

Das Eis brechen

Mit ihren kräftigen Motoren bahnen sich die massiven Eisbrecher einen Weg durchs Eis und halten so Fahrrinnen eisfrei. Oft befreien sie auch vom Eis eingeschlossene Schiffe. Ihr speziell verstärkter Rumpf kann dem enormen Druck des brechenden Eises standhalten.

▼ Mit einer Wärmebildkamera ist ein Mensch auch durch dichten Rauch zu erkennen. Kopf und Hände, die wärmsten Körperteile, leuchten hell.

Durch den Rauch sehen

Mit am gefährlichsten für Feuerwehrleute ist der dicke, schwere Rauch, denn sie können darin nichts mehr sehen und sich auch nicht lange darin aufhalten. Deshalb tragen sie kleine Wärmebildkameras bei sich, die Infrarotstrahlen erkennen und ein Hitzebild erzeugen. Alle Warmblüter senden starke Infrarotwellen aus, sodass man die Umrisse eines Menschen oder eines Tieres auf dem Display deutlich erkennen kann.

◀ Ein Rettungsschwimmer der amerikanischen Küstenwache lässt sich von einem »Sikorsky HH-60«-Hubschrauber herab, um einen Menschen aus dem Meer zu retten.

Schnelle Hilfe

Wenn ein Leben auf dem Spiel steht, müssen Rettungskräfte schnell vor Ort sein. Viele Rettungsteams haben daher kleine, flinke Fahrzeuge: Motorgetriebene Schneemobile bewegen sich rasant übers Eis, Schnellboote rasen übers Wasser und robuste Geländewagen haben auch in unebenem Gelände keine Probleme. Wo gar nichts mehr geht, helfen Hubschrauber. Rettungskräfte können sich von ihnen abseilen und so eine eingeschlossene Person befreien oder ihr schnell Erste Hilfe leisten.

Mission ohne Rückkehr

Das All ist riesig und unwirtlich. Es gibt dort weder Luft noch Wasser und die Temperaturen können zwischen -255 °C und mehreren Tausend Grad Celsius liegen. Menschen sind nicht dafür geschaffen, im All zu überleben. Raumsonden – kleine, kompakte Maschinen – können den extremen Temperaturen im All jedoch standhalten. Sie werden unbemannt in die Weiten unseres Sonnensystems geschickt – auf eine Reise ohne Wiederkehr.

Nach zehnjähriger Mission wird die Raumsonde »Philae« (Teil der »Rosetta«) auf einem Kometen landen und per Funk Daten zur Erde schicken.

Knapp vorbei

Viele Raumsonden sind so programmiert, dass sie nahe an einem Planeten, Mond oder Kometen vorbeifliegen und dabei verschiedene Messungen durchführen. Die »Rosetta« der Europäischen Weltraumorganisation ESA flog 2007 nahe am Mars vorbei, 2008 und 2010 an Asteroiden. Dabei soll sie eigentlich den Kometen Tschurjumow-Gerasimenko erforschen, den sie 2014 erreichen wird.

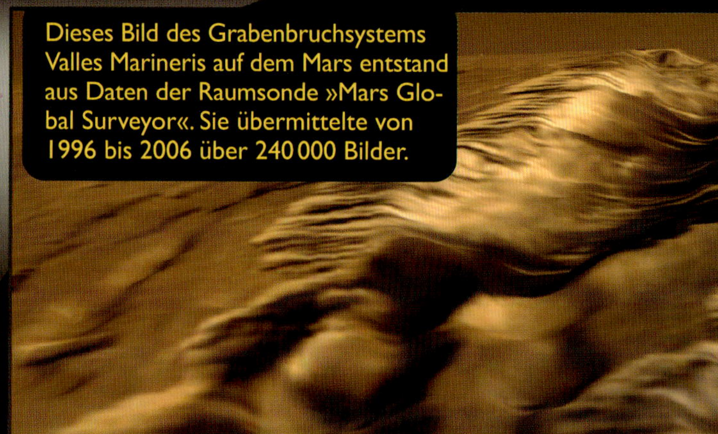

Dieses Bild des Grabenbruchsystems Valles Marineris auf dem Mars entstand aus Daten der Raumsonde »Mars Global Surveyor«. Sie übermittelte von 1996 bis 2006 über 240 000 Bilder.

Die Raumsonde »Voyager 1« wurde 1977 ins All geschickt. Sie besteht aus 65 000 Teilen und hat schon mehr als 17 Milliarden km zurückgelegt.

Zweiteilige Raumsonden

Raumsonden sind teuer. Daher geben Wissenschaftler einer Mission möglichst viele Aufträge. Die Raumsonde »Cassini-Huygens« reiste z. B. in sieben Jahren 2,2 Milliarden km zum Saturn. Dann umkreiste die »Cassini« den Saturn, die »Huygens« dagegen reiste durch die Atmosphäre des größten Saturnmondes Titan und machte vor ihrer Landung dort 700 Bilder. Während die Mission der »Huygens« damit beendet war, geht die der »Cassini« immer noch weiter.

2005 trennte sich die Raumsonde »Huygens« (ganz links) von der »Cassini« und landete kurz darauf auf dem Saturnmond Titan.

Kreisen oder landen

Raumsonden werden oft danach unterteilt, ob sie einen Planeten umkreisen oder auf ihm landen. Beide Arten von Sonden sind bereits zum nächsten Nachbarplaneten der Erde, dem Mars, geflogen. Als erste Raumsonde der USA landete die »Viking 1« 1976 auf dem Mars. 21 Jahre später begann die »Mars Global Surveyor« der NASA, den Mars zu umkreisen, und machte 240 000 Digitalfotos von seiner Oberfläche.

Das Marsfahrzeug »Opportunity« erforscht den Mars seit 2004 und hat dort bereits 26,7 km zurückgelegt.

Wasser-KRAFT

Strom wird auf verschiedene Arten erzeugt – z. B. von Atom- und Kohlekraftwerken. Wasserkraftwerke treiben mithilfe von fallendem Wasser Turbinen an und erzeugen so Strom. Das größte Wasserkraftwerk der Welt steht am Drei-Schluchten-Stausee in China.

Riesige Nachfrage

Mit mehr als 1,3 Milliarden Einwohnern ist China das bevölkerungsreichste Land der Erde. Entsprechend groß ist auch der Strombedarf von Häusern, Fabriken, Schulen und Büros. Um ihm gerecht zu werden, wurde der mächtige Jangtsekiang – mit über 6300 km der drittlängste Fluss der Welt – mithilfe eines gigantischen Damms aufgestaut.

▶ Der Staudamm im Jangtsekiang zieht immer mehr Touristen an. Schiffe überwinden den Damm über ein Schleusensystem.

▼ Da der Drei-Schluchten-Stausee die Stadt Fengjie plangemäß überflutete, wurden die Hochhäuser vorher abgerissen.

Den Weg frei machen

1993 wurde mit der Arbeit am Drei-Schluchten-Staudamm begonnen – ein gigantisches Projekt, an dem mehr als 40 000 Menschen Tag und Nacht arbeiteten. Um Platz für den Staudamm und den Stausee zu schaffen, wurden mit über 80 000 Stangen Dynamit Felsen gesprengt und mehr als 100 Millionen m^3 Erde beiseitegeschafft. Rund 1,4 Millionen Menschen mussten umziehen, da Hunderte von Dörfern vom Wasser des Stausees verschluckt wurden. Der See ist etwa 660 km lang – doppelt so lang wie die Strecke London–Paris!

▼ Ein Bauteil, das zu einem gigantischen Stromgenerator des Staudamms gehört, wird eingesetzt. Jeder Generator wiegt etwa 6 Millionen kg.

Gute Leistung

Mit einer Höhe von 185 m und einer Breite von 2,3 km ist der Staudamm einfach gigantisch und fünfmal größer als der Hoover Dam in den USA. Er erzeugt Strom mit 26 riesigen Turbinen – insgesamt 85 Milliarden kWh pro Jahr. Das entspricht beinahe einem Zehntel des gesamten Strombedarfs von China und ist ungefähr so viel, wie 15 Atomkraftwerke zusammen erzeugen können. Viele andere Kraftwerke in China verbrennen Kohle. Die Energie aus dem Drei-Schluchten-Damm hilft jedes Jahr, 50 Milliarden kg Kohle zu sparen.

Durch den Staudamm fließen bis zu 40 Millionen l Wasser pro Sekunde.

Erhebliche Vorteile

Die eigentliche Aufgabe des Staudamms ist es, Wasser durch die Turbinen laufen zu lassen und so Strom zu erzeugen. Doch er verhindert auch, dass der Jangtsekiang über seine Ufer tritt und Häuser und ganze Dörfer mitreißt, wie es in den letzten 2000 Jahren mehr als 200-mal passiert ist.

▼ Das Wasser schießt durch die Mauer des Staudamms, deren Stärke zwischen 40 m oben und 115 m am unterem Ende liegt.

In die Zukunft

Niemand weiß, welche Maschinen und welche Technik uns in der Zukunft begleiten werden. Vor 15 Jahren gab es z. B. noch keinen iPod, kein iPhone und keine Nintendo Wii. Vor 30 Jahren waren DSL, Internet und CDs noch unbekannt. Doch eines ist sicher: Tausende von Menschen arbeiten auf der ganzen Welt an aufregenden neuen Maschinen – und manche davon werden die Zukunft noch extremer machen.

Wirklich winzig klein

Ein Nanometer entspricht einem Milliardstel Meter. Als Nanotechnik bezeichnet man folglich die Wissenschaft, die winzig kleine Maschinen entwickelt. Fortschritte in der Nanotechnik könnten bedeuten, dass es bald überall mikroskopisch kleine Maschinen gibt, die z. B. andere Maschinen von innen reparieren können. Oder man könnte sie z. B. in intelligente Stoffe einweben und so Kleidungsstücke entwickeln, die sich je nach Temperatur ausdehnen oder zusammenziehen.

▼ In der Zukunft könnte man winzige Nanoroboter in die Blutgefäße schicken, damit sie Krankheiten direkt vor Ort bekämpfen.

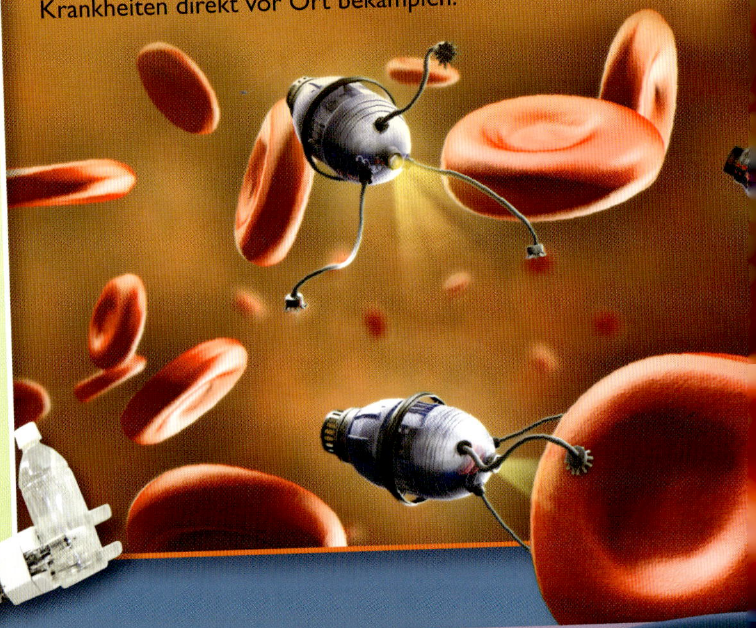

Klügere Maschinen

Computer werden noch schneller, klüger und kleiner werden. Sie werden bald in allen möglichen Maschinen stecken – von Haushaltsgeräten bis hin zu Autos, die sich selbst einparken oder sogar alleine fahren können. Roboter werden im Alltag keine Seltenheit mehr sein. Wenn sie einzelne Gesichter erkennen und kommunizieren können, könnten sie als Babysitter, Sicherheitskräfte oder sogar Polizisten eingesetzt werden.

◀ Der Haushaltsroboter »Toshiba ApriAttenda« kann u. a. Türen öffnen und Gegenstände aus dem Kühlschrank holen. Mithilfe von Kameras in seinen Händen steuert er seine Bewegungen.

▶ Das Auto »EN-V« von General Motors ist ein futuristischer Zweisitzer mit zwei Rädern, der nur 400 kg wiegt. Mit Sensoren erkennt das Elektroauto Fußgänger und Fahrzeuge und bleibt vor Hindernissen stehen.

Galaktisch gut

Durch die sich entwickelnde Technik werden noch mehr Missionen in den Weltraum unternommen und unbemannte Raumsonden und Roboter weit ins All geschickt werden. Immer mehr Menschen werden die Weiten des Weltraums selbst erleben können und in Weltraumhotels wohnen. Und sie werden noch weiter reisen, den Mond besiedeln oder sogar den Mars besuchen können.

▲ Die Weltraumhotels der Zukunft könnten luxuriöse Raumstationen sein. Shuttle-Raumschiffe helfen bei der An- und Abreise der Gäste.

Men-schine

Um die Leistung des menschlichen Körpers zu verbessern, werden Geräte entwickelt werden, die direkt von Gehirn und Nervensystem gesteuert werden. Bereits heute gibt es als Bewegungshilfe für Kranke das »Exoskelett HAL«, das man wie eine Rüstung anlegt. Sensoren im »Exoskelett HAL« messen die Winkel von Knie-, Hüft- und Knöchelgelenk und stellen fest, ob sich der Fuß am Boden befindet.

▶ Das Bein des »Cyberdyne Exoskeletts HAL« ist zehnmal so stark wie ein gesundes menschliches Bein.

Das Wunder MENSCH

Hier stehen wir Menschen im Mittelpunkt: was wir können und wie wir leben.

◀ Im indischen Barsana bewerfen sich die Menschen vor dem hinduistischen Frühlingsfest Holi fröhlich mit Farbe.

Unser wunderbarer KÖRPER

Der menschliche Körper ist auf das Überleben ausgerichtet. Ein Baby ist bei der Geburt zwar noch klein und schwach, doch im Laufe des Lebens werden die Knochen stabiler und die Muskeln kräftiger. Menschen können rennen, springen oder unter Wasser schwimmen. Wir sind einfach fantastisch!

Adrenalinstoß

Wenn wir uns in einer gefährlichen Situation befinden, springt das Notfallprogramm unseres Körpers an. Eine Drüse schüttet den Botenstoff Adrenalin aus, durch den der Sauerstoffgehalt im Blut erhöht wird. Ob Kampf oder Flucht: Der Körper ist nun bereit, sich sehr schnell zu bewegen.

Wie schnell können wir laufen?

Wie der Blitz! 2009 legte der jamaikanische Sportler Usain Bolt 100 m in 9,58 Sekunden und 200 m in 19,19 Sekunden zurück. 1988 benötigte »Flo-Jo« (Florence Griffith-Joyner) 10,49 Sekunden für 100 m und 21,35 Sekunden für 200 m.

▲ Höchstleistung! Usain Bolt 2010 beim 100-Meter-Lauf: Er hält den Welt- und den Olympiarekord über 100 m, 200 m und in der 4 × 100 m-Staffel.

▼ *Bon anniversaire!* (So heißt »Alles Gute zum Geburtstag« auf Französisch.) Jeanne Calment feiert hier ihren 122.

Wie lange können wir leben?

Durchschnittlich wird ein Mensch 66,12 Jahre alt. Im chinesischen Macao beträgt die Lebenserwartung sogar 84,36 Jahre, in Angola, Afrika, dagegen nur 38,2 Jahre. Die älteste Frau, Jeanne Calment (1875–1997) aus Frankreich, wurde 122 Jahre und 164 Tage alt. Als ältester Mann gilt der Japaner Shigechiyo Izumi (1865–1986). Er wurde 120 Jahre und 237 Tage alt.

Wie stark können wir werden?

Olympische Gewichtheber kämpfen in zwei Wettbewerben: Reißen (aus der Hocke über den Kopf) und Stoßen (vom Boden zu den Schultern, dann über den Kopf). Im Lauf der Jahre 2002 und 2003 schaffte der Iraner Hossein Rezazadeh 213 kg im Reißen, 263,5 kg im Stoßen und ein Gesamtgewicht von 472,5 kg. Bei den Frauen stellte Jang Mi-ran aus Südkorea 2008 und 2009 einen neuen Rekord auf: 140 kg, 187 kg und ein Gesamtgewicht von 326 kg.

▼ Mit schwellenden Muskeln packt Hossein Rezazadeh zu. Er wird auch »iranischer Herkules« genannt.

Der menschliche Körper hat über 260 Muskeln. Der größte davon, der Glutaeus maximus, bildet den Po.

▶ Mit 22 Jahren war Robert Wadlow 2,72 m groß.

Groß und klein

Der größte Mensch der Welt war der Amerikaner Robert Wadlow (1918–1940), genannt der »Riese von Illinois«. Der kleinste lebende Mensch ist Khagendra Thapa Magar (*1992) in Nepal.

▶ Khagendra Thapa Magar ist nur 60 cm groß.

Ein erwachsener Mensch hat 206 Knochen. Ein Baby hat noch über 300, doch einige wachsen zusammen.

reden wir 12 Jahre lang ... trinken wir 50 000 l ... blinzeln wir 415 Millionen Mal ... wachsen unsere Haare 90 km ...

Was wir alles können

Der menschliche Körper ist anpassungsfähig, doch ihm sind Grenzen gesetzt. In großen Höhen benötigen Bergsteiger zusätzlichen Sauerstoff. Extreme Kälte kann zu Unterkühlung und Erfrierungen führen, starke Hitze die Haut verbrennen. Trotzdem bringen Menschen ihren Körper immer öfter an seine Grenzen – z. B. bei Extremsportarten.

Eisklettern

An blanken Felsen zu klettern, ist an sich schon eine Meisterleistung. Doch Eiskletterer bewegen sich an Felsen, die von einer dicken Eisschicht bedeckt sind. Mit Kraft, Ausdauer und einem guten Gleichgewichtssinn bewältigen sie Gletscher und gefrorene Wasserfälle und halten sich mit Steigeisen, Seilen und Eispickeln fest.

▲ Beim Eisklettern kommt es auf Technik und Können an. Eis kann so fest sein, dass Steig - eisen und Eispickel einen sicheren Halt finden – wenn man sie richtig benutzt.

Eisernes Durchhaltevermögen

Jedes Jahr nehmen Tausende Menschen am »Tough Guy«-Wettbewerb in Perton, GB, teil. Dabei müssen sie ihre Ausdauer beweisen und durch Wasser, Schlamm, Rauch und Eis rennen. Der Wettbewerb gilt als härtester Kraft- und Ausdauertest der Welt.

◀ Ein Möchtegern-Tough-Guy vor einer Flammenwand. Viele Teilnehmer brechen den Wettbewerb ab.

▲ Ein berauschender Gruppensprung – Fallschirmspringer müssen ihren Körper hervorragend beherrschen.

▼ Ein Klippenspringer springt von der Felskuppe La Quebrada bei Acapulco. Manchmal springen die Leute hier auch nachts, mit Fackeln in der Hand.

Fallschirmspringen

Nach dem Sprung aus dem Flugzeug kann man eine ganze Minute lang den wunderbaren freien Fall erleben. Danach öffnet sich der Fallschirm und man schwebt sanft zur Erde hinab.

Ab in die Tiefe

Der 30-m-Sprung in eine schmale Felsenbucht bei Acapulco, Mexiko, ist eine echte Nervenprobe. Springer müssen die tödlichen Felsen vermeiden und ihr Eintauchen in das Wasser, das nur 2 bis 5 m tief ist, entsprechend den Wellen timen.

▲ Der deutsche Goldmedaillenträger Wojtek Czyz triumphiert im Weitsprung. Bei den Paralympischen Spielen 2008 in Peking sprang er 6,50 m weit.

Stars der Paralympics

Die Paralympischen Spiele sind ein wichtiger Wettkampf für körperbehinderte Sportler. Zu den paralympischen Disziplinen zählen Schwimmen, Judo, Schlitten-Eishockey, Tennis, Schießen und Rollstuhl-Basketball. Behinderte Sportler legen eine verblüffende Kraft und Ausdauer an den Tag.

So viele MENSCHEN

Das schnelle Wachstum der Weltbevölkerung – zurzeit fast 7 Milliarden* Menschen – bezeichnet man als Bevölkerungsexplosion. Dass sich die Weltbevölkerung in den letzten 200 Jahren versiebenfacht hat, liegt an der besseren Versorgung mit Nahrungsmitteln und Medikamenten. 2050 könnten es schon 12 Milliarden Menschen sein.

*6 914 369 936 (Schätzung der Weltbevölkerung im April 2011)

Die Menschen leben in 266 Nationen, abhängigen Gebieten und Territorien.

JEDER ZEHNTE muss von weniger als 7 EURO pro Tag leben.

Auf der ganzen Welt werden jedes Jahr über 5 MILLIARDEN Pizzas gegessen.

27 % der Weltbevölkerung sind jünger als 14 Jahre.

Ungefähr JEDER FÜNFTE Mensch ist ein Chinese.

Über 60 % der Weltbevölkerung leben in Asien. In Ozeanien (einschließlich Australien) lebt weniger als 1 %.

Wie viele Sprachen gibt es auf der Welt? Das hängt von der Definition ab, aber rund 6800 sind ein guter Richtwert.

Die zehn Regionen mit der höchsten Bevölkerungsdichte sind kleine Territorien, Kleinstaaten und Inseln mit wenig Platz. An der Spitze steht die chinesische Sonderverwaltungszone MACAO mit über 19 000 Menschen pro km².

Im Durchschnitt leben Frauen 3,78 JAHRE länger als Männer.

Rund 82 % aller Erwachsenen können lesen und schreiben.

Auf der Welt herrscht ein winziger MÄNNERÜBERSCHUSS.

Warum reden die Menschen so viel? Weltweit gibt es 5,3 MILLIARDEN Handys, dazu 1,3 MILLIARDEN Festnetzanschlüsse.

Nach Schätzungen gibt es 2 MILLIARDEN Mal so viele Insekten wie Menschen auf der Erde.

Jede Minute kommen 267 BABYS zur Welt.

Verkehrschaos! Auf 1000 Menschen kommen etwa 130 AUTOS.

Jedes Jahr benutzen 3,2 MILLIARDEN Passagiere das U-Bahn-Netz von Tokio.

Ungefähr **15 MILLIONEN** Menschen sind Flüchtlinge. Sie mussten ihre Heimat verlassen, weil sie verfolgt wurden oder weil dort Krieg oder Hunger herrschen.

20 % der Kalorien, die Menschen auf der Welt zu sich nehmen, stammen aus Reis.

Das einsamste unabhängige Land ist die Mongolei. In ihren ausgedehnten Wüsten und Steppen leben nur **1,9 MENSCHEN PRO KM²**.

Menschen über **65** machen nur **7,6 %** der Weltbevölkerung aus.

Das Territorium mit dem geringsten Bevölkerungswachstum sind die Nördlichen Marianen im Pazifik mit einem Schwund von jährlich **7,8 %**.

JEDER ACHTE Mensch auf der Welt hat keinen Zugang zu sauberem Wasser.

101 PASSAGIERE pro Minute starten oder landen auf dem Frankfurter Flughafen, dem größten Flughafen Deutschlands und neuntgrößten Flughafen der Welt.

Die Menschen können nur auf den **29,1 %** der Erde, die Land sind, leben.

Die Bevölkerung Chinas wird derzeit auf ca. **1,34 MILLIARDEN** Menschen geschätzt, doch Indien holt mit ca. 1,19 Milliarden schnell auf. Da die indische Bevölkerung schneller wächst, wird Indien China ca. 2040 überholen.

Die Kontinente der Erde haben eine Gesamtbevölkerungsdichte von **46** Menschen pro km².

Burundi in Afrika und die Vereinigten Arabischen Emirate in Südwestasien haben das höchste Bevölkerungswachstum – um **3,69 %** pro Jahr.

Die Volkszählung in Indien 2010 gilt als die größte Volkszählung aller Zeiten. Sie brachte 13 000 t an Formularen hervor und kostete 1 Milliarde Euro. **2,5 MILLIONEN** Beamte arbeiteten mit.

Das am dichtesten besiedelte Land ist Bangladesch mit über **1000** Menschen pro km².

Das Territorium mit der geringsten Bevölkerungsdichte ist Grönland mit **0,026 MENSCHEN** pro km².

Das Durchschnittsalter der Menschen ist **28,4** Jahre.

JEDER ACHTE Mensch auf der Welt ist unterernährt.

Wie viele Menschen haben je auf der Erde gelebt? Das ist schwer zu sagen, doch Experten beziffern die Zahl auf etwa **115 MILLIARDEN.**

In der eisigen Antarktis lebt kein Mensch dauerhaft. Zählt man jedoch die ca. 1000 Wissenschaftler, die sich dort aufhalten, beträgt die Bevölkerungsdichte dort **0,00007** Menschen pro km².

ÜBERLEBEN AUF der ganzen Welt

Im Laufe von Hunderttausenden von Jahren hat sich der menschliche Körper an die verschiedensten Umwelt- und Klimabedingungen angepasst. Wer in der Stadt wohnt, muss nicht mehr Tag für Tag gegen die Natur kämpfen, doch auch heute noch leben viele Völker unter extrem unwirtlichen Bedingungen.

Die Samen im arktischen Schweden, Norwegen, Finnland und Russland leben von der Rentierzucht. Wenn sie mit ihren riesigen Herden unterwegs sind, wohnen sie in Zelten aus Rentierhäuten.

▶ Mit der Harpune in der Hand springt ein Inuit am nördlichen Polarkreis von Eisscholle zu Eisscholle. Er lebt im kanadischen Nunavut und ist warm eingepackt gegen die eisige Kälte seiner Heimat.

▶ Auf der Jagd leben die Inuit in einer Hütte oder einem Iglu, den sie aus Eisblöcken bauen.

Das Eisvolk

In der eisigen Wildnis von Nordwestgrönland sinkt die Temperatur im Winter auf -40 °C und die Sonne lässt sich 14 Wochen lang nicht blicken. Auch an einem schönen Sommertag wird es dort nur 0 °C »warm«! Die Inuit, die hier leben, sind das nördlichste eingeborene Volk der Erde. Nur rund 1000 Menschen sprechen ihre Sprache Inuktun. Sie bewegen sich mit Hundeschlitten fort und leben von der Walrossjagd und vom Fischen.

Die Aborigines leben in den Wüsten und im trockenen Buschland Australiens. Sie können Wasser in Wurzeln, Blättern und Felsmulden finden.

Im tiefen Regenwald

Die Yanomami im Regenwald des südamerikanischen Amazonasgebiets sind perfekt an das Leben im Wald angepasst. Sie jagen mit vergifteten Speeren, sammeln Raupen und bauen Pflanzen an. Leider brachten Goldgräber Krankheiten mit in ihr Gebiet, gegen welche die Yanomami keine Abwehr haben.

◀ Der dichte Regenwald hält die Außenwelt fern und gibt den Menschen, die hier leben, Nahrung und Schutz.

▶ Ein abgeschiedenes Dorf der Yanomami, mitten im Wald, gesehen von einem Hubschrauber

Überleben in der Wüste

In der nordafrikanischen Sahara kann die Temperatur auf über 50 °C steigen. Menschen können dort nur in der Nähe von Oasen oder Wasserlöchern leben. Die Tuareg ziehen als Nomaden auf uralten Handelswegen durch die Wüste. Die Männer dieses Wüstenvolks tragen traditionell schwarze Turbane und verhüllen Gesicht und Körper mit dunkelblauen Schleiern.

▶ Für das Leben in der Wüste braucht man Kamele. Sie können am Tag eine halbe Tonne 40 km weit tragen – und brauchen eine Woche lang kein Wasser.

▼ Händler aus dem Volk der Tuareg übernachten in der algerischen Sahara. Nach Sonnenuntergang sinkt die Temperatur unter den Gefrierpunkt.

WORTE UND ZAHLEN

Sprechen, Zählen und Rechnen sind Fähigkeiten, die uns Menschen zu etwas Besonderem machen. Mit ihrer Hilfe können wir lernen, lehren, planen und herausfinden, wie Dinge funktionieren. Die ersten schriftlichen Wörter und Zahlen sind über 5000 Jahre alt und stammen aus Asien.

Buchstabensuppe

Das deutsche Alphabet ist mit seinen 26 Buchstaben relativ bescheiden. Das längste Alphabet der Welt ist das der Khmer-Sprache, die in Kambodscha gesprochen wird: Es hat 74 Buchstaben. Und das kürzeste? Dies ist das Rotokas-Alphabet, das rund 4000 Menschen auf der Insel Bougainville in Papua-Neuguinea verwenden: 11 Buchstaben.

◀ Die Lehren des chinesischen Denkers Kong Fuzi oder Konfuzius (551–479 v. Chr.) werden heute noch studiert.

Wer versteht wen?

Mandarin-Chinesisch ist die Muttersprache von ca. 845 Millionen Menschen, Spanisch von 329 Millionen und Englisch von 328 Millionen. Dadurch, dass viele Menschen Englisch als zweite Sprache sprechen, wird Englisch insgesamt in 112 Ländern gesprochen.

Eine Zeichensprache

In der chinesischen Sprache gibt es kein Alphabet, sondern Schriftzeichen. Traditionell gibt es 47 035 verschiedene Schriftzeichen, doch für den Alltagsgebrauch genügen 3000 bis 4000.

▼ Ein walisisches Bahnhofsschild

Das Land mit den meisten Sprachen ist Papua-Neuguinea mit insgesamt 820.

Shakespeare

Das Genie William Shakespeare (1564–1616) ist vermutlich der bekannteste Dramatiker aller Zeiten. In seinen 38 Theaterstücken sprechen 1221 Figuren 884 429 Worte.

Wie groß ist die Erde?

Der Umfang unseres Planeten am Äquator (die gedachte Linie, die um die Erde herumläuft) beträgt etwa 40 075 km. Der griechische Mathematiker Eratosthenes von Kyrene (276–195 v. Chr.) berechnete ihn einst mit 252 000 Stadien – etwa 39 690 km. Eratosthenes lag also nur um ein Prozent daneben – gar nicht schlecht für eine Zeit, in der es weder Taschenrechner noch Satelliten gab!

»Klick«-Laute sind in einigen Gegenden im Süden Afrikas ein wichtiger Bestandteil der gesprochenen Sprache.

Die Sprache Silbo auf den Kanarischen Inseln verwendet ein lautes Pfeifen, das man auch aus großer Entfernung hört.

Frühe Zählmethoden verwendeten Finger und Zehen – daher benutzen wir auch heute noch ein dezimales Zahlensystem, das auf der Zahl 10 beruht. Die antiken Babylonier verwendeten Einheiten von 60 als Grundlage für ihr Rechensystem. Deshalb hat eine Stunde heute noch 60 Minuten, ein Kreis 360 Grad.

$\pi = 3.14159$

Zahlenspiele

Der griechische Buchstabe Pi wird π geschrieben und hilft uns, die Fläche oder den Umfang eines Kreises zu berechnen. Der Wert von π beträgt 3,1415926535... und so weiter und so fort. Aber wie lange weiter? π wurde bis auf über eine Billion Stellen nach dem Komma berechnet!

2007 sagte der 16-jährige australische Schüler Peter Thamm über 10 000 Stellen von π auf. Den Weltrekord hält jedoch der Chinese Lu Chao, der unglaubliche 67 890 Stellen schaffte.

Extreme STÄDTE

Normalerweise bauen Menschen Städte dort, wo ein gesundes Klima herrscht, wo es Nahrung und Wasser sowie eine gute Anbindung an Straßen und Eisenbahnen gibt. Doch manchmal liegen Städte auch in abgelegenen Gegenden oder an Orten mit extremen Klimaverhältnissen.

Auf dem Dach der Welt

La Paz ist die am höchsten gelegene Hauptstadt der Welt. Das Verwaltungszentrum von Bolivien liegt mitten in den Anden und erstreckt sich zusammen mit der Nachbarstadt El Alto über eine Höhe von 3000 bis 4150 m über dem Meeresspiegel. Die Einwohner sind an diese Höhe gewöhnt, doch Besucher leiden oft unter starken Kopfschmerzen und Übelkeit, bis sie sich an den niedrigen Sauerstoffgehalt der Luft gewöhnt haben.

Hinauf in die Höhe – La Paz klettert immer weiter den Berg hinauf.

Die Stadt La Paz ist stolz auf ihre Radrennbahn, die höchste der Welt. Die dünne Luft bietet zwar weniger Widerstand, aber wegen ihres geringeren Sauerstoffgehalts muss sich der Körper mehr anstrengen.

Die am tiefsten gelegene Stadt der Welt ist auch eine der ältesten: Jericho oder Ariha im Westjordanland liegt 258 m unter dem Meeresspiegel und ist seit 11000 Jahren besiedelt.

Heiß, heißer, am heißesten

Die heißeste Temperatur der Erde wurde 1922 in Al'Aziziyah in Libyen gemessen. Das Thermometer stieg damals auf 57,7 °C. Außergewöhnlich hohe Temperaturen herrschen auch in Kuwait-Stadt, Kuwait, und Ahvaz, Iran. In beiden Städten liegt die durchschnittliche Höchsttemperatur in manchen Monaten bei 46 °C.

Post Card

THIS SPACE FOR CORRESPONDENCE

PRINTED IN THE UNITED STATES

Das große Frieren

In welcher Stadt ist es am kältesten? Der Boden unter Jakutsk in Sibirien ist immer gefroren, auch im Sommer. Im Winter beträgt die Durchschnittstemperatur -40 °C und es kann bis zu -60 °C kalt werden – das ist so kalt, dass einem die Brille auf der Nase festfriert!

In den meisten Städten entsteht nach einem Wasserrohrbruch eine Pfütze – in Jakutsk jedoch ein Eisberg!

Gigantische Metropolen

Auf der ganzen Welt ziehen Menschen vom Land in die Städte, um Arbeit und damit ein besseres Leben zu finden. Städte verbrauchen unglaublich viel Strom und Wasser und produzieren wahre Müllberge.

Mehr als die Hälfte der Weltbevölkerung lebt heute in Städten.

Das Viertel Shinjuku in Tokio aus der Vogelperspektive: ein Gewimmel aus Häusern und Straßen

Ein Tag im »Big Apple«

In New York leben 2,7 % aller US-Amerikaner. Ein Tag im Leben von New York – das bedeutet:

* ein Wasserverbrauch von über 3,8 Milliarden Liter
* Müll, der das gesamte Empire State Building bis zum Dach füllen könnte
* 5 Millionen Fahrten mit der U-Bahn
* Arbeit an 3,7 Millionen Arbeitsplätzen in der ganzen Stadt

Megastädte

Die japanische Hauptstadt Tokio ist so groß geworden, dass sie mit den nahe gelegenen Städten Yokohama, Chiba und Kawasaki zusammengewachsen ist. Rund 35,7 Millionen Menschen leben in diesem Ballungsgebiet. An der Südküste Chinas sind Städte zur größten Stadtfläche der Welt mit ca. 120 Millionen Einwohnern zusammengewachsen. Dazu gehören Städte wie Guangzhou (Kanton), Shenzhen und Hongkong.

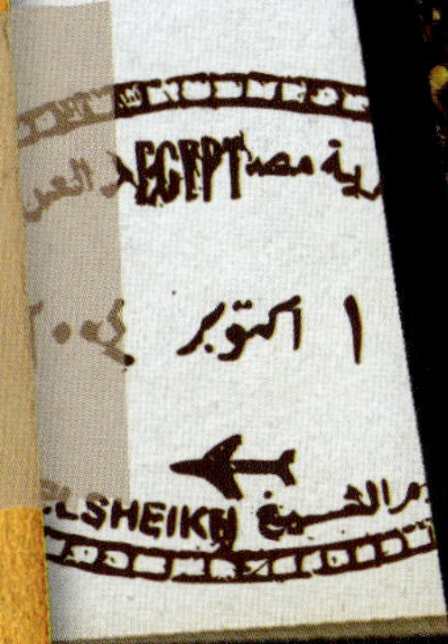

Die am dichtesten besiedelte Stadt der Welt ist Mumbai in Indien mit ca. 29 560 Menschen pro km².

Die eigenen VIER WÄNDE

Moderne Städte sehen sich ziemlich ähnlich, egal, wo sie liegen. Manche Menschen leben jedoch noch immer in traditionellen Behausungen, deren Gestaltung von Klima, Landschaft, Baumaterial oder der Lebensweise bestimmt ist.

Wohnhöhlen

Kappadokien, Türkei

Die Landschaft in dieser Gegend voller außergewöhnlicher Naturwunder besteht aus Vulkangestein, aus dem die Erosion Pfeiler, Säulen und Höhlen schuf. Seit Tausenden von Jahren graben die Einwohner Wohnungen, Lagerräume und Kirchen in das weiche Gestein. Oft dienten die Höhlen auch als Zufluchtsort, wenn Feinde in die Gegend einfielen. Heute sind einige von ihnen Hotels für Touristen.

Ein Loch im Boden

Coober Pedy, Australien

Zunächst zogen die Minenarbeiter im australischen Coober Pedy in stillgelegte Opalminenschächte ein, um der Hitze des Outbacks zu entkommen. Doch bald schufen sie dort Wohnhöhlen mit mehreren Schlafzimmern und einem großen Wohnzimmer – und mit einer natürlichen Klimaanlage.

Luxus-Hausboote

Kaschmir

In vielen Regionen der Welt gibt es Hausboote. Einige der schönsten Hausboote ankern an den Ufern der Seen in Kaschmir. Auch an den Kanälen in Amsterdam, Niederlande, und im berühmten Hafen von Hongkong liegen Hausboote. In Hongkong sind sie das Zuhause der Fischer.

Tee im Zelt gefällig?

Eurasische Steppen

Ein Zelt ist die ideale Behausung für Nomaden. Bei den Mongolen und den Turkvölkern der eurasischen Steppen heißt es Jurte oder Ger und hat eine Kuppel aus Filz, die von Weidenpflöcken abgestützt wird. Im Sommer ist es drinnen kühl, im Winter wird das Zelt beheizt.

▶ Diese mongolischen Zelte wirken überraschend gemütlich, obwohl sie mitten in der verschneiten Steppe liegen.

Die afrikanischen Wüsten

Die Zelte der nomadischen Hirten in der Sahara und in den arabischen Wüsten bestehen aus gewebter Wolle und Kamel- oder Ziegenhaaren und werden von Stangen gestützt. Meist sind sie recht niedrig, um nur wenig Angriffsfläche für Sandstürme zu bieten.

◀ Dieses Zelt in der marokkanischen Sahara ist ein behagliches Zuhause.

Häuser aus Schilf

Südlicher Irak

Die Ma'dan oder Marsch-Araber leben in den Sumpfgebieten des südlichen Irak. Ihre traditionellen Behausungen bestehen aus Schilf und liegen an Flussufern oder auf künstlichen Inseln aus Schlamm und Schilfbündeln. Die Bewohner hatten stark unter Kriegen und dem Trockenlegen der Sümpfe zu leiden. Erst jetzt fließt langsam wieder Wasser durch diese Landschaft.

▼ Für die Ma'dan ist der Fluss der Hauptverkehrsweg.

Guten *Appetit!*

Was für den einen eine Delikatesse ist, ist für den anderen ein Graus … Nicht jedem schmeckt alles. Meist erscheinen uns die Dinge, die wir von klein auf essen, am sichersten und besten, während wir das, was Menschen in anderen Ländern essen, zum Teil komisch oder eklig finden. Doch stell dich nicht so an – trau dich!

Froschschenkel *Frankreich*

In manchen Gegenden Frankreichs isst man panierte Froschschenkel, die angeblich ähnlich wie Hühnerflügel schmecken. Sie sind übrigens auch im US-Bundesstaat Louisiana und in China beliebt. Und in Indonesien gibt es Swikee – eine Suppe mit Froschschenkeln.

Fugu *Japan*

Würdest du dich trauen, einen Fisch zu essen, der dich töten könnte? Fugu oder Kugelfisch ist eine japanische Köstlichkeit, doch manche Teile dieses Fischs enthalten ein tödliches Gift. Nur speziell dafür ausgebildete Köche wissen, wie man diesen seltsamen Fisch sicher zubereitet. Trotzdem gibt es immer wieder Unfälle …

Haggis *Schottland*

Schneide Lunge, Herz und Leber eines Schafs klein und vermische das Ganze mit Hafermehl, Nierenfett und Zwiebeln. Packe die Masse in einen Schafsmagen und koche sie drei Stunden lang … Am 25. Januar ehren die Schotten ihren Nationaldichter Robert Burns mit Dudelsackmusik und seiner »Ode an den Haggis«.

China

Schwalbennestersuppe

Diese Suppe ist eine Delikatesse, die aus dem essbaren Speichel eines Vogels namens Weißnestsalangane bereitet wird. Mit diesem Speichel bauen die Vögel ihre Nester – entweder in den Höhlen Borneos oder in speziellen Nisthäusern, wo die Nester sich leichter pflücken lassen.

In den Kochtöpfen der Welt

Hund *Vietnam*
Hunde werden in vielen Gegenden Ostasiens gegessen.

Eselsalami *Italien*
Italienische Salami besteht manchmal aus Esel-, Pferde- oder Ziegenfleisch.

Schafsaugen *Arabien*
Bei einem arabischen Festmahl wird oft ein ganzes Schaf serviert, inklusive der Augen – ein besonderer Leckerbissen.

Leguan *Südamerika*
Geschmorter oder gerösteter Leguan ist in Teilen Mittel- und Südamerikas ein traditionelles Gericht.

Heuschrecken *Nordafrika*
Wüstenheuschrecken können gebraten, geröstet, gekocht oder getrocknet werden.

Alligator *USA*
In den südlichen US-Bundesstaaten kommen Alligatoren auf den Tisch. Sie werden sogar eigens dafür gezüchtet.

Peru

Meerschweinchen

In Peru und anderen Andenregionen sind Meerschweinchen eine beliebte Mahlzeit. Die kleinen, wuscheligen Tiere werden zu Hause gezüchtet oder auf dem Markt gekauft und dann gebraten oder geröstet. Ihr Fleisch soll fettarm und gesund sein.

Witchetty-Made

Australien

Diese großen Larven werden roh oder in heißer Asche gebacken gegessen. Sie sind ein traditionelles Lieblingsgericht der australischen Aborigines. Weitere tierische Leckerbissen gibt es auch in Restaurants, z. B. Känguru, Emu und Goanna (Eidechse).

Verrückte JOBS

Draufgänger

Wer springt in einem Film aus einem brennenden Auto? Der Filmstar? Nein, ein Stuntman, der etwas ganz Besonderes kann: akrobatische Verrenkungen, das Gleichgewicht halten oder einfach nur viel aushalten. Natürlich stecken hinter vielen gewagten Filmszenen auch Trickaufnahmen, Spezialeffekte oder Bilder, die am Computer erzeugt wurden. Doch in manchen Jobs gehört eine perfekt inszenierte Verfolgungsjagd mit Unfällen und quietschenden Reifen immer noch zum Arbeitsalltag.

◀ Ein Franzose in Flammen: Nicolas Saurey springt los – zum Glück in ein Wasserbecken!

Die meisten Menschen sind froh, dass ihre Arbeit ungefährlich ist. Andere dagegen wären unzufrieden, wenn sie den ganzen Tag am Computer sitzen oder in einem Laden stehen müssten. Sie setzen ihr Leben gerne aufs Spiel!

Bist du absolut schwindelfrei?

Turmarbeiter führen Reparatur-, Wartungs- oder Abrissarbeiten an Kirch- oder Glockentürmen, Fabrikschornsteinen oder Industrietürmen durch. Dabei stellen sie hohe Leitern auf, seilen sich ab oder hängen an abenteuerlichen Konstruktionen. Fensterputzer müssen in Kabinen an den Außenflächen von Wolkenkratzern arbeiten, Brückenbauer befestigen Stahlseile oben an einer Hängebrücke – zig Meter über dem Wasser. Wer heute in luftiger Höhe arbeitet, verwendet zwar Sicherheitsgurte, Seile und Schutzhelme, aber die Angst gehört trotzdem zum Job.

◀ Schau bloß nicht nach unten! Hier wird der Hubschrauber-Landeplatz am Hotel Burj al Arab in Dubai geputzt – in 321 m Höhe!

In »Casino Royale« (2006) wurde Sébastien Foucan von James Bond gejagt. Der Schauspieler ist einer der Erfinder des Freerunnings. Dabei überwinden Sportler in einer Stadt Hindernisse durch akrobatische Leistungen.

Alle Mann an Deck!

Krabbenfischer haben zwar keinen ausgefallenen, aber einen gefährlichen Beruf, denn wer stundenlang auf einem Fischdampfer im eiskalten Meer arbeitet, geht ein hohes Risiko ein: haushohe Wellen, Stürme, ein glitschiges Deck, Netze, Winden, Felsen, Riffe …

◀ Den Fang einzuholen, ist eine schwere Aufgabe für diese Fischer.

▲ Mit einem »Newtsuit« (einem Panzertauchanzug) kann ein Rettungstaucher mehr als 250 m tief tauchen.

Hinab in die Tiefe

Warum wagen sich Taucher in die Tiefe? Gründe gibt es viele: von Archäologie, Geologie und anderen Wissenschaften bis zur Überwachung von Industrieanlagen. Das größte Problem der Taucher ist der Wasserdruck, der dem Körper großen Schaden zufügen und die Taucherkrankheit hervorrufen kann. Mit einem Panzertauchanzug aus Aluminium oder einem speziellen Kunststoff kann ein Taucher sicher in Tiefen von bis zu 700 m vordringen.

▶ Wenn Astronauten weit über der Erde arbeiten, sind sie schwerelos – und haben eine fantastische Aussicht!

Weltraumwanderer

Astronaut ist wirklich ein »himmlischer« Job! Wenn ein Astronaut das Raumschiff zu einem Außenbordeinsatz verlässt, schwebt er mehrere Hundert Kilometer über unserer Erde. Er versucht dann, die Ausrüstung zu reparieren oder ein Experiment durchzuführen. Dabei ist er entweder über einen Sauerstoffschlauch mit dem Raumschiff verbunden oder er versorgt sich mit einem Raketentornister selbst.

Spektakuläre ARCHITEKTUR

Seit den ersten einfachen Hütten aus Zweigen und Gras haben es die Menschen weit gebracht. Heute können sie fantastische Strukturen aus Materialien wie Stahl, Glas, Beton oder Plastik entwerfen. Moderne Gebäude täuschen oft sogar das Auge. Sie scheinen den Himmel zu berühren – oder haben andere erstaunliche Effekte!

Vogelneststadion

Dieses unglaubliche Stahlgewirr ist das Nationalstadion in der chinesischen Hauptstadt Peking. Es wurde für die spektakulären Olympischen Spiele von 2008 errichtet. In Zukunft wird auch ein Einkaufszentrum zum Komplex gehören.

Eden Project

Diese Kuppeln aus Plastik und Stahl würden gut in einen Science-Fiction-Film passen, doch stattdessen stehen sie mitten in Cornwall, England – und beherbergen einen botanischen Garten. Unter jeder Kuppel befindet sich eine Miniatur-Klimazone mit ihrer ganz speziellen Vegetation. Hier gedeiht z. B. der größte überdachte Regenwald der Erde.

Sonnenofen

Gigantische Spiegel im französischen Odeillo lenken die Sonnenstrahlen auf einen größeren, gewölbten Spiegel (im Bild). Die Strahlen werden dann an einem einzigen Punkt gebündelt, an dem die Temperatur bis zu 3500 °C betragen kann.

Würfelhäuser

Diese Gebäude in Rotterdam, Niederlande, sehen wie Bauklötze aus, die über den Platz gerollt sind, doch handelt es sich dabei um dreistöckige Häuser, in denen man ganz normal gehen und stehen kann.

Geniale GEISTESBLITZE

Im Laufe der Geschichte veränderten immer wieder große Entdeckungen und fantastische Erfindungen unser Leben. Wo wären wir heute ohne das Rad oder die Schrift, die beide vor 5000 bis 6000 Jahren in Mesopotamien (etwa heutiges Irak) erfunden wurden? Oder ohne so belanglose Erfindungen wie Kaugummi (etwas Ähnliches wie Kaugummi wurde schon vor 5000 Jahren im Finnland der Steinzeit verwendet)? Auch heute noch arbeiten Erfinder mit Hochdruck an tollen neuen Ideen für das 21. Jahrhundert.

Leonardo da Vinci

Der allergrößte Erfinder?

Der italienische Künstler Leonardo da Vinci (1452–1519) war seiner Zeit weit voraus und entwarf Hubschrauber, Hängegleiter, Kurbelvorrichtungen, Waffen, tragbare Brücken und ein Musikinstrument namens »Viola organista«, das erste Zupf-Tasteninstrument aller Zeiten.

Leonardos Entwurf eines Hubschraubers beruhte auf einem Kinderspielzeug.

Leonardos Entwurf eines Autos mit Selbstantrieb (1478)

Fünf ziemlich nutzlose (wenn nicht gar komplett verrückte) Erfindungen:

- *Uhrgewichte, die einem zum Wecken auf den Kopf fallen (1882)*
- *von Adlern angetriebener Ballon (1887)*
- *automatischer Hutzieher (1896)*
- *Hindernisparcours für Goldfische (2009)*
- *elektrischer Ohrentrockner (2009)*

Die tödlichste Erfindung?

Das ist wohl das Schießpulver, das vor ca. 1200 Jahren in China erfunden wurde. Allein im Ersten Weltkrieg (1914–18) starben 9,7 Millionen Soldaten und 8,9 Millionen Zivilisten – durch Granaten, Maschinengewehre und Bomben.

Ein Schlachtfeld des Ersten Weltkriegs: Schießpulver war eine geniale Erfindung mit furchtbaren Folgen.

Alexander Fleming entdeckte (zufällig), dass ein Schimmelpilz namens *Penicillium* tödliche Bakterien bekämpfen kann. Ab 1943 wurde dann das Wunder-Antibiotikum Penicillin hergestellt.

Die nützlichste Erfindung?

Dazu gehören auf jeden Fall Antibiotika, denn diese Medikamente haben Millionen Menschen das Leben gerettet. Das haben wir mehreren Wissenschaftlern des 19. und 20. Jahrhunderts zu verdanken, darunter Louis Pasteur, Robert Koch, John Tyndall, Paul Ehrlich, Alexander Fleming, Gerhard Domagk und Ernst Chain.

Enthüllt: Das Geheimnis des Lebens

Die Genetik gehört heute zu den wichtigsten Wissenschaften. In den 1860ern entdeckte der österreichische Botaniker Gregor Mendel die Vererbungsgesetze, die erklären, wie Lebewesen Eigenschaften an die nächste Generation weitergeben. 1869 fand man heraus, dass die Zellen Erbgut namens Desoxyribonukleinsäure (kurz DNS) enthalten. Erst 1953 gelang es James Watson und Francis Crick, die Struktur dieses Moleküls zu entschlüsseln. Damit schufen sie die Grundlage für die genetische Forschung und die Medizin des 21. Jahrhunderts.

Gregor Mendel

WIE WIR INS NETZ KAMEN …

1834	Erste Entwürfe einer mechanischen Rechenmaschine durch den britischen Erfinder Charles Babbage
1946	Erste elektronische Rechenmaschine: der 30 t schwere ENIAC, USA
1971	Erster Mikroprozessor mit nur einem Silikonchip, USA
1975	Erster Heimcomputer, USA
1973–1980er	Entwicklung der E-Mail
1989	Vorschlag eines World Wide Webs durch den Computerwissenschaftler Tim Berners-Lee, GB
2000	Erste Breitbandverbindung mit dem Internet
2006	Aufstieg der sozialen Netzwerke

Ehrgeizige EXPEDITIONEN

Das Unbekannte lockt: Wir durchqueren Wüsten, schlagen uns durch den Dschungel oder segeln über die sieben Meere. Heute können wir ganz bequem um die Welt reisen, doch manche Menschen reizt das nicht: Sie suchen eine echte Herausforderung.

◀ Müde, aber am Ziel: Die französische Bergsteigerin und Abenteurerin Laurence de la Ferrière erreicht den Südpol.

In die Kälte

Die Französin Laurence de la Ferrière erklomm Gipfel im Himalaja, erforschte das Treibeis der Beringstraße, durchquerte Grönland und die Alpen. Ganz allein durchquerte sie außerdem die Antarktis in zwei Etappen (1996/97 und 1999/2000).

Die letzte Reise

Die erste Expedition zum Südpol wurde vom norwegischen Forscher Roald Amundsen geleitet und kam am 14. Dezember 1911 ans Ziel. Am 17. Januar 1912 erreichte das britische Team von Robert Falcon Scott ebenfalls den Pol. »Großer Gott, was für ein furchtbarer Ort!«, schrieb Scott in sein Tagebuch. Auf dem Rückweg kam das Team unter schrecklichen Umständen ums Leben.

Captain Scotts Team sollte vom Südpol nicht zurückkehren.

Die niedrigste Temperatur am Südpol? Echt eisige –82,8 °C!

▼ Jessica Watson am Steuerruder der »Pink Lady«. 2011 wurde sie »Junge Australierin des Jahres«.

Ganz alleine

Von 2009 bis 2010 umsegelte die Australierin Jessica Watson alleine die Welt. Ihre Leistungen auf der Route von Sydney über den Pazifik, den Atlantik und den Indischen Ozean waren zwar wegen ihres Alters nicht unumstritten, aber trotzdem unglaublich: Sie war damals erst 16 Jahre alt.

Auf und davon

Steve Fossett (1944–2007) war Flieger, Segler, Skifahrer und Bergsteiger. 2002 umrundete er als Erster in einem Heißluftballon allein die Erde – ohne anzuhalten. Auf seinem Flug von Australien aus legte er 33 195 km zurück.

◀ Fossetts Ballon »Solo Spirit« verlässt die Ostküste Australiens und zieht hinaus aufs offene Meer.

Flussabwärts

Hat jemand Lust auf einen Spaziergang? Vermutlich nicht, wenn der Spaziergang ca. 6400 km lang ist und 860 Tage dauert. Doch der englische Abenteurer Ed Stafford tat genau das: Er folgte dem mächtigen Amazonas von der Quelle bis zur Mündung in den Ozean und kam 2010 am Ziel an.

◀ Ed Stafford und sein Begleiter »Cho« Sanchez Rivera hatten mit Sümpfen, Dickicht, Schlangen und Insekten zu kämpfen.

Unzählige PILGER

Riesige Menschenmassen, prachtvolle Gebäude, spektakuläre Ereignisse: Mit Religionen und ihren Praktiken sind zahlreiche Rekorde verbunden. Die meisten Menschen auf der Welt haben einen Glauben – ob eine organisierte Religion oder einen Geisterglauben. Über eine Milliarde Menschen haben jedoch gar keine Religion.

DER GOLDENE TEMPEL DER SIKHS IN AMRITSAR, INDIEN, IST WUNDERSCHÖN.

▲ Der Altar der Kathedrale von Sevilla zeigt 45 Szenen aus dem Leben Christi.

Goldene Pracht

Einige eindrucksvolle religiöse Bauwerke funkeln und strahlen! Der Altaraufsatz der christlichen Kathedrale von Sevilla ist mit Gold überzogen und erstrahlt in seinem Glanz. Zwischen 1585 und 1604 wurde der »Harmandir Sahib« oder Goldene Tempel im indischen Amritsar errichtet. Das goldene Dach und die goldenen Mauern des wichtigsten Heiligtums der Sikhs spiegeln sich in einem künstlich angelegten See. Die buddhistische Shwedagon-Pagode in Rangun, Myanmar (Birma) ist von Gold überzogen, das die Gläubigen gespendet haben. In ihrer Spitze befinden sich 5448 Diamanten und 2317 Rubine.

◄ Zur Shwedagon-Pagode pilgern Buddhisten aus ganz Myanmar (Birma).

Christliche Trappistenmönche sprechen nur selten, da sie glauben, dass es sie vom Denken und Beten ablenkt.

Jainistische Mönche tragen oft Masken, um alle Lebensformen zu ehren – und nicht versehentlich eine Fliege zu verschlucken.

Die größte Buddhastatue befindet sich im chinesischen Leshan. Sie ist 71 m hoch und wurde zwischen 713 und 803 in eine Felswand gehauen.

MIT VIELEN LICHTERN FEIERN BUDDHISTEN IN SRI LANKA »ESALA PERAHERA«.

Viele, viele Menschen ...

Die größte alljährliche Pilgerreise ist der Haddsch: Mehr als zwei Millionen Muslime pilgern jedes Jahr nach Mekka in Saudi-Arabien. Der Haddsch ist eine der fünf »Säulen« oder Pflichten des islamischen Glaubens und die Moschee in Mekka ist die größte der Welt.

Die größten religiösen Versammlungen der Welt sind einige Hindu-Pilgerreisen in Nordindien, die in Abständen von 4, 6, 12 und 144 Jahren stattfinden. Die größte von ihnen war bisher das »Maha Kumbh Mela« in Allahabad 2001 mit rund 60 Millionen Menschen.

Hell erleuchtet

Eine spektakuläre religiöse Prozession ist die »Esala Perahera« in Kandy, Sri Lanka. Buddhistische Mönche ehren mit ihr eine Reliquie, einen Zahn Buddhas. Bei der Prozession sind mit dabei: Elefanten, die in wunderschöne Stoffe gehüllt und mit Glühlämpchen geschmückt sind, Flaggen, Musiker, Trommler, glitzernde Kostüme, knallende Peitschen, Fackeln und Pfauentänzer.

▼ In Mekka umrunden Pilger siebenmal die Kaaba, ein in schwarze Seide gehülltes, würfelförmiges Heiligtum.

In der Türkei praktizieren Anhänger des sufistischen Mevlevi-Derwisch-Ordens einen religiösen Tanz, bei dem sie sich stundenlang um die eigene Achse drehen.

An jüdischen Festtagen wie Rosch ha-Schana und Jom Kippur bläst der Schofarbläser das heilige Schofar – ein Widderhorn.

SOS – HELFT UNS!

Katastrophen bringen oft das Beste in den Menschen zum Vorschein. Bei einem Unfall oder Notfall sind Sanitäter, Polizisten oder Feuerwehrleute sofort zur Stelle, helfen und retten Leben. Bei Katastrophen werden Menschen oft zu Helden und riskieren unter schwierigsten Umständen ihr Leben, um anderen zu helfen.

Notruf auf See

Niemand fährt in einem wilden Sturm freiwillig aufs Meer hinaus – es sei denn, es geht um Leben und Tod. Draußen warten haushohe Wellen und heftige Winde. Oft müssen Hubschrauber Seile zu Schiffen in Seenot herablassen, um sie bei schlechtem Wetter und schlechter Sicht zu sichern.

An der Nord- und Ostseeküste Deutschlands werden 20 Seenotrettungskreuzer und 40 Rettungsboote von der »Deutschen Gesellschaft zur Rettung Schiffbrüchiger« (DGzRS) betrieben. Seit der Gründung 1865 wurden so über 70 000 Menschen in Seenot gerettet!

▲ Ein Rettungsboot stürzt sich vor der Küste in die Wellen.

Gegen das Feuer

Bei heißem, trockenen Wetter oder Gewitter können Brände von selbst entstehen. Doch meist werden sie von Menschen verursacht – z. B. durch Gasexplosionen oder Wohnungsbrände. Feuerwehrleute kämpfen an der Front: Sie löschen, betreten brennende Gebäude und bergen Menschen. Auch bei Chemieunfällen, Eisenbahnunfällen oder Flugzeugabstürzen sind sie im Einsatz.

◀ Wer gegen eine Feuerwand kämpft, muss mutig und stark sein und einen kühlen Kopf bewahren können.

Ein verschüttetes Lawinenopfer kann nur 20 Minuten überleben, doch mit einem Lawinenverschütteten-Suchgerät kann man dem Rettungsteam Funksignale schicken.

▲ Mit einem Hubschrauber befördert ein Rettungsteam ein Unfallopfer vom eiskalten Abhang zum nächsten Krankenhaus.

Absturzgefahr

Die Teams der Bergrettung bestehen aus professionellen Vollzeitkräften und Ehrenamtlichen, die oft unter widrigsten Umständen ausrücken müssen. Sie kennen das Gelände genau, können gut klettern und kennen sich mit Erster Hilfe aus. In Lawinen finden sie Verschüttete mithilfe von Hunden und Suchgeräten. Oft fordern sie dann einen Hubschrauber zur Unterstützung an. Bei schlechter Sicht im Gebirge zu fliegen, ist sehr schwierig.

Überleben unter der Erde

Am 5. August 2010 stürzte ein Stollen in der Gold- und Kupfermine San José in Chile ein. 69 Tage lang hielt die Welt den Atem an: 33 Bergleute saßen in 700 m Tiefe etwa 5 km vom Eingang der Mine in der Falle. Wie sollten sie je wieder zurück ins Tageslicht kommen?

▼ Die Rettungskapsel »Phönix 2« ging um 23:18 Uhr Ortszeit hinunter.

Bergungstruppen in Minen haben einen extrem schwierigen Job: Jederzeit kann es zu Überschwemmungen, Explosionen oder Schachteinstürzen kommen. Die Retter in Chile brauchten einen Plan …

1. Die 33 Bergarbeiter erreichten eine Rettungskammer. Jeden zweiten Tag bekam jeder von ihnen einen Keks, zwei Löffel Thunfisch und ein bisschen Milch.

2. Am 17. Tag erreichte ein Bohrer von der Oberfläche die Verschütteten. Daran befestigten sie einen Zettel und ließen die Welt wissen, dass sie gesund und am Leben waren.

3. Schächte wurden gebohrt und verbreitert. Mithilfe der US-Weltraumbehörde NASA baute die chilenische Marine Rettungskapseln aus Stahl.

4. Am 12. Oktober wurde ein Bergungsarbeiter in die Rettungskammer hinabgelassen. Der erste Bergarbeiter, Florencio Ávalos, kam nach oben. Nach 24 Stunden waren alle 33 Verschütteten wieder frei – und die Welt jubelte.

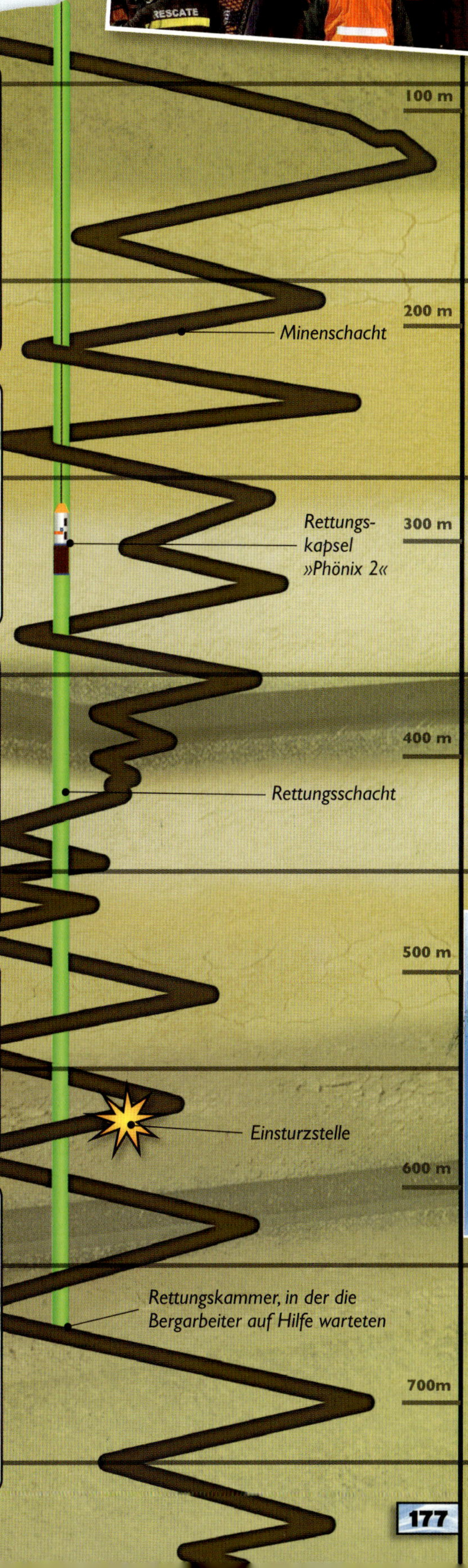

GUT AUSSEHEN

Die Menschen haben sich schon immer viel Mühe mit ihrem Aussehen gegeben. Auch wenn die Mode weltweit immer ähnlicher wird, gibt es noch erhebliche Unterschiede – bei Hochzeitskleidern, neuen Trends, Militäruniformen, Trachten und religiösen Gewändern.

Silberner Kopfschmuck

Provinz Guizhou, China
Frauen aus dem Volk der Miao tragen zu besonderen Anlässen eindrucksvollen Silberschmuck.

Pearly Kings

London, England
Früher schmückten die Bewohner des Londoner Stadtteils East End ihre Kleider mit Perlmuttknöpfen. Heute sammeln die »Pearly Kings und Queens« Spenden.

Fastnachtsverkleidung

Süddeutschland
Zu Fastnacht trägt man in Süddeutschland und in den Alpen gruselige Masken und bunte Kostüme.

Bemalte Braut

Kosovo/Mazedonien
In der Region der Shar-Berge leben die Torbesh. Die üppige Bemalung der Bräute aus dieser Gegend soll Glück bringen.

Schon vor 90 000 Jahren fertigten die Menschen Schmuck an – z. B. Halsketten aus Muscheln.

Auf dem Laufsteg

Paris, Frankreich
Auf den Modenschauen in Paris, Mailand und London wird präsentiert, was stylish und extravagant ist.

Tempeltänzerin

Thailand
Die grazilen thailändischen Tänzerinnen tragen Kopfschmuck und schöne Gewänder.

Stelzenläufer

Mali
Bei Beerdigungen des Dogon-Volkes begleiten maskierte, kostümierte Tänzer den Trauerzug, einige davon auf Stelzen.

Hochlandindianer

Papua-Neuguinea
Bei Stammestreffen werden auch heute noch fantastische Federn, Kostüme und eine Gesichtsbemalung getragen.

Maori

Neuseeland
»Haka« ist der rituelle Tanz der Maori, der auch heute noch getanzt wird. Einen hochstehenden Maori erkannte man an seiner aufwendigen Gesichtstätowierung.

Bühne FREI

Konzerte und Auftritte holen aus Künstlern das Allerbeste heraus. Viele Kreative lieben große Auftritte und Inszenierungen, manche schockieren ihr Publikum gerne. Und bei Popkonzerten oder im Zirkus erwartet das Publikum sogar besonders spektakuläre Darbietungen.

▲ »Dido and Aeneas« – die älteste englische Oper, die noch aufgeführt wird – wurde durch eine innovative Unterwasser-Choreografie neu interpretiert.

Sprung ins kalte Wasser

Von 2005 bis 2007 inszenierte die Berliner Tanzkompanie »Sasha Waltz & Guests« Henry Purcells Oper »Dido und Aeneas«. Die 17 Tänzer führten den Prolog unter Wasser auf – in einem Glasbecken mit 34 000 l Wasser!

Kunst-Verpackung

Die Künstler Christo und Jeanne-Claude schufen einige der spektakulärsten Kunstinstallationen der letzten 50 Jahre, denn sie verpackten berühmte Gebäude, Brücken und Denkmäler. 1971 spannten sie einen 14 000 m² großen orangefarbenen Vorhang durch ein Tal in den Rocky Mountains, 1983 umsäumten sie elf Inseln in Florida mit 604 000 m² rosa Kunststoff. 1995 ließen sie das Reichstagsgebäude in Berlin von 90 professionellen Kletterern mit 109 400 m² Stoff umhüllen.

◀ 1997/98 verpackten Christo und Jeanne-Claude diese Schweizer Bäume.

◀ »Live Aid« hatte das größte Publikum der Welt und einen guten Zweck. Organisiert wurde es von Bob Geldof und Midge Ure.

Das Riesenkonzert

Die Live-Aid-Rockkonzerte sollten Geld für die Hungerhilfe in Äthiopien bringen und wurden 1985 an verschiedenen Orten abgehalten. Dank Satellitenfernsehen sahen zwei Milliarden Menschen in 60 Ländern zu.

▶ Die Auftritte des Chinesischen Staatszirkus sind legendär.

Prachtvoller Blick nach oben

Das wunderschöne Deckengemälde in der Sixtinischen Kapelle in Rom wurde von 1508 bis 1512 von Michelangelo geschaffen. Es hat eine Fläche von 1100 m² – und danach hatte der Künstler bestimmt einen steifen Hals! 500 Jahre später bewundern jährlich mehr als 4,3 Millionen Menschen das Meisterwerk.

▲ Michelangelos Meisterwerk umfasst mehr als 300 Personen.

Zirkusspektakel

Tiere treten heute nur noch selten im Zirkus auf. Stattdessen vollbringen Menschen unglaubliche Kunststücke. Beliebt im traditionellen und im modernen Zirkus (bei dem es mehr um Akrobatik, Musik, Geschichten und Theater geht) sind Jongleure, verblüffende Verrenkungen, wagemutige Trapezkünstler und Seiltänzer sowie Schwert- und Feuerschlucker.

Spaß, Spaß, Spaß!

▲ Der Palio: ein rasender Galopp mitten in Siena, Italien

Auf Rummelplätzen und Volksfesten können sich Menschen entspannen und amüsieren. Und im Karneval ist so manches erlaubt, das sonst verboten ist. Jede Menge Spaß gehört dazu: Umzüge, Verkleidungen, gigantische Feuerwerke, Fahrgeschäfte, Musik, Tanz, Gesang und gutes Essen.

Palio!

Zweimal im Jahr ist die »Piazza del Campo« im italienischen Siena fest in der Hand von Menschenmassen und voll bunter, wirbelnder Fahnen. Der Anlass ist ein schnelles, kompromissloses Pferderennen ohne Sattel – dreimal um den ganzen Platz. Der aufregende und gefährliche Wettbewerb erinnert an das Mittelalter. Seinen Namen hat der Palio von der Flagge, die der Sieger erhält.

Sambastadt

Der berühmteste Karnevalszug und das bekannteste Sambaspektakel finden in Rio de Janeiro, Brasilien, statt. Das Fest gibt es schon seit 1723, und sein Höhepunkt sind die Umzugswagen, die zum »Sambódromo« fahren. Auf den Wagen befinden sich Mitglieder rivalisierender »Sambaschulen« und Tänzer in fantastischen Glitzerkostümen. Außerdem gibt es Kostümbälle, Straßen- und Strandpartys und überall hört man den Rhythmus der Sambatrommeln.

▶ Der Karneval in Rio – fantastisch, brasilianisch und total verrückt!

▶ In Lerwick wird ein »Wikinger-Langschiff« angezündet. »Up Helly Aa« ist angeblich das größte Feuerfestival Europas.

Up Helly Aa

Dieses Feuerfestival wird im dunklen Winter auf den Shetland-Inseln vor der schottischen Küste gefeiert. Der Höhepunkt des Festes ist ein Fackelzug von 1000 verkleideten Festbesuchern (»Guizer«), an dessen Spitze ein »Jarl« (nordischer Adeliger) steht. Die Fackeln werden in ein Boot geworfen, das aussieht wie ein altes Langschiff mit Drachenkopf, wie es die Wikinger vor über 1000 Jahren benutzten.

Bei der »Tomatina« in Buñol, Spanien, bewerfen sich die Feiernden mit unzähligen überreifen Tomaten.

Große Brötchen-Türme!

Ein erstaunliches Festival wird jedes Jahr auf der Insel Cheung Chau in Hongkong gefeiert – mit religiösen Ritualen, Paraden mit Löwentänzen, Laternen, Trommeln und Gongschlägen. Kinder in traditioneller Kleidung werden auf Stangen hoch in die Luft gehalten und Menschen klettern 20 m hohe Brötchentürme hinauf und schnappen sich Brötchen. Das soll Glück bringen!

◀ Die Jagd nach den Brötchen bringt Glück für das kommende Jahr.

OoooOOOOOOOOOAAAhhh

In vielen Ländern werden Nationalfeiertage oder Unabhängigkeitstage besonders gefeiert. In den USA ist das am 4. Juli der Fall. In vielen Städten erleuchtet dann ein wunderschönes Feuerwerk den Nachthimmel. Eines der größten Feuerwerke gibt es in Detroit, Michigan. Zusammen mit dem Kanada-Tag am 1. Juli feiern Detroit und seine kanadische Nachbarstadt Windsor, Ontario, das »International Freedom Festival«. Rund 3,5 Millionen Menschen bestaunen dort das Feuerwerk!

Spannende GESCHICHTE

Gehe zurück in der Zeit und entdecke eine Menge an außergewöhnlichen Ereignissen, Ideen und Menschen, die den Lauf der Geschichte beeinflusst haben.

◀ Ob der Trojanische Krieg zwischen Griechenland und Troja wirklich nur eine antike Sage ist, wissen wir nicht. Vielleicht enthält sie einen wahren Kern.

Lebende TOTE

Für die Ägypter war das Leben nach dem Tod nur ein weiterer Lebensabschnitt – deshalb brauchte der Geist eines Toten auch einen Körper. Damit der Leichnam nicht verweste, mumifizierten sie ihn.

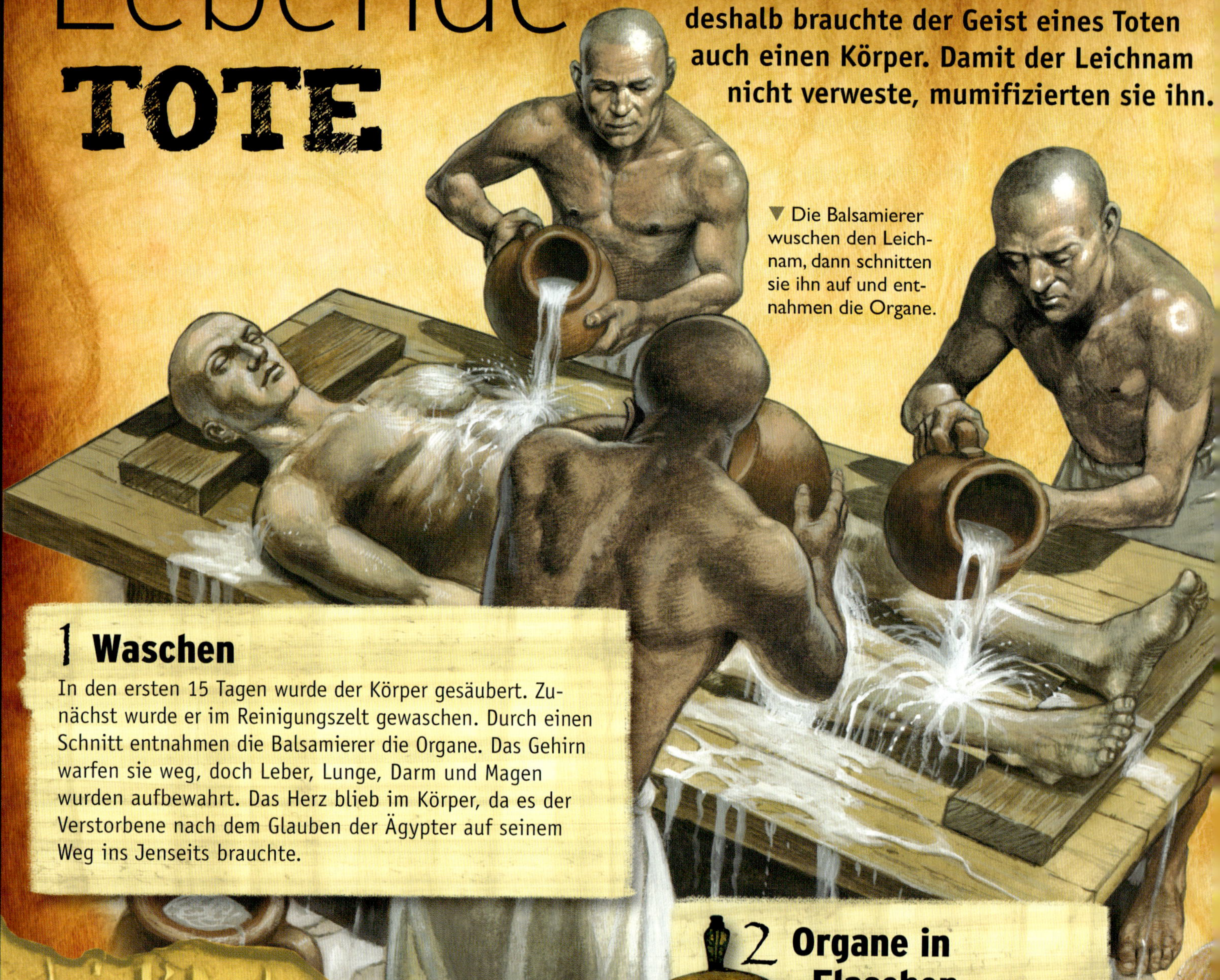

▼ Die Balsamierer wuschen den Leichnam, dann schnitten sie ihn auf und entnahmen die Organe.

1 Waschen

In den ersten 15 Tagen wurde der Körper gesäubert. Zunächst wurde er im Reinigungszelt gewaschen. Durch einen Schnitt entnahmen die Balsamierer die Organe. Das Gehirn warfen sie weg, doch Leber, Lunge, Darm und Magen wurden aufbewahrt. Das Herz blieb im Körper, da es der Verstorbene nach dem Glauben der Ägypter auf seinem Weg ins Jenseits brauchte.

2 Organe in Flaschen

Die Lunge, der Magen, der Darm und die Leber wurden getrocknet, um sie vor Verwesung zu schützen. Danach wurden sie in Kanopen, speziellen Gefäßen aus Stein oder Ton, aufbewahrt. Als Deckel diente ein Kopf eines der vier Söhne des Gottes Horus.

◀ Der Darm kam in die Kanope mit dem Falkenkopf. Der Falke symbolisierte dabei den Gott Kebechsenuef.

Eine herzhafte Mahlzeit

Das Herz als Kern der Persönlichkeit eines Menschen wurde im mumifizierten Körper erhalten. Nach dem Glauben der Ägypter wog der Gott Anubis das Herz eines Verstorbenen gegen die Feder der Göttin Maat auf, bevor der Tote das ewige Leben erhielt. War es schwerer als die Feder, galt das als Zeichen für ein schlechtes Leben, und das Herz wurde an die Totenfresserin Ammit verfüttert.

3 Austrocknen

Damit das Fleisch nicht verweste, mussten ihm die Balsamierer jegliche Feuchtigkeit entziehen. Zu dem Zweck umgaben sie den Leichnam mit Natron, einem Salz, und stopften ihn auch damit aus. Auf die Weise verschrumpelte er, wurde hart und blauschwarz.

◀ Der Leichnam wurde mit bis zu 250 kg Natron bedeckt, damit er die Feuchtigkeit verlor.

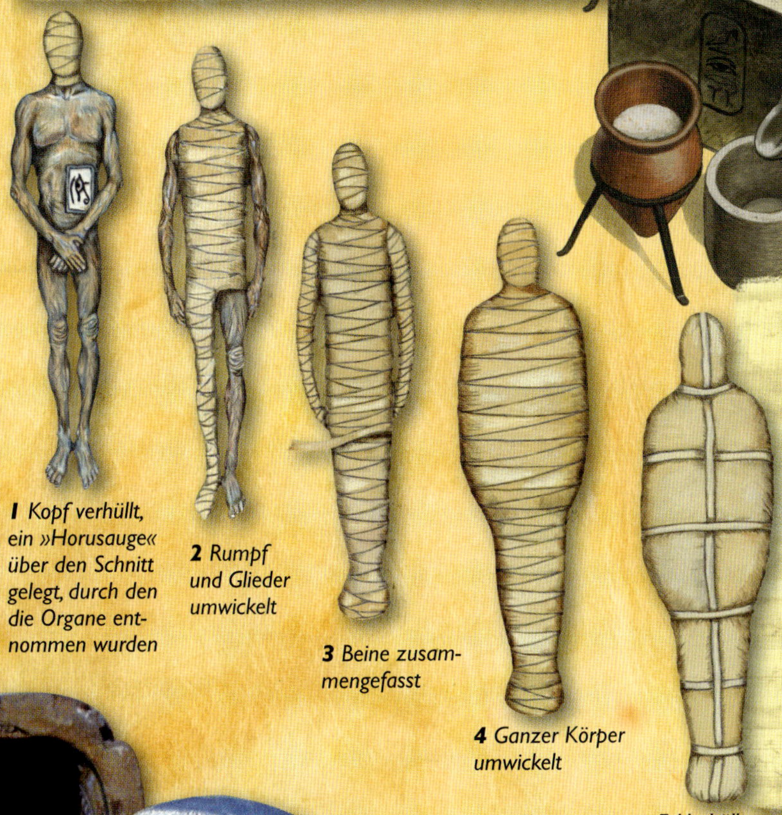

1 Kopf verhüllt, ein »Horusauge« über den Schnitt gelegt, durch den die Organe entnommen wurden

2 Rumpf und Glieder umwickelt

3 Beine zusammengefasst

4 Ganzer Körper umwickelt

5 Umhüllung vollendet

4 Gut eingepackt

Das Natron wurde entfernt und der ausgetrocknete Leichnam unter ständigen Gebeten einbalsamiert. Die Balsamierer überzogen ihn mit Harz, damit er nicht schimmelte. Durch falsche Augen und eine Perücke sollte er lebendiger wirken. Schließlich stopften sie ihn mit Tüchern und Sägespänen aus und hüllten ihn in 15 m Leinen.

◀ Das Umhüllen des Leichnams lief in fünf Phasen ab und begann mit dem Kopf. Zwischen die Binden wurden Glücksamulette gelegt, die den Menschen im Jenseits schützen sollten.

5 Wertvolle Besitztümer

Schließlich wurde die Mumie in einen Holzsarg gebettet. Da der Tod als kurze Unterbrechung des Lebens galt, wurde sie geschmückt und mit Alltagsgegenständen wie Kleidern, Schuhen, Musikinstrumenten und Möbeln bestattet. Mumifizierte Hunde und Katzen sollten ihr Gesellschaft leisten.

◀ Teure Sarkophage hatten die Form eines Menschen und waren mit Zaubersprüchen versehen. Betonte Körperpartien wie die Augen sollten beim Übergang ins Jenseits helfen.

▶ Diese Mumie wurde nach 4000 Jahren entdeckt. Dank der Einbalsamierungskünste der Ägypter sind ihre Gesichtszüge noch immer zu erkennen.

Kampf**TIERE**

In frühen Kriegen besiegten Befehlshaber ihre Feinde auch mithife verschiedener Tiere. Am wichtigsten war dabei das Pferd – es konnte Reiter und Lasten tragen und Wagen ziehen. Kamele waren zwar langsamer, doch in der Wüste trotzdem eine gute Wahl. Das spektakulärste Kampftier war jedoch der Elefant: Der lebendige Panzer trampelte in Asien, Nordafrika und Südeuropa seine Gegner nieder.

▼ 218 v. Chr. griff der karthagische Feldherr Hannibal überraschend Rom an und führte eine Armee aus Soldaten und speziell ausgebildeten Elefanten über die Alpen nach Italien. Hannibal gewann drei große Schlachten, bevor er nach Karthago zurückkehren musste.

Elefanten-Abwehr

Flatternde Ohren, ein hoch erhobener Rüssel und furchterregende Stoßzähne: Ein angreifender Kriegselefant jagte auch den tapfersten Kämpfern Angst ein. Doch man konnte dem Angriff Paroli bieten: Die Römer lernten, ihnen auszuweichen, die Soldaten Alexanders des Großen durchtrennten den Tieren mit Äxten die Sehnen, die Mongolen katapultierten Steine auf sie und in der Moderne wurden die Tiere mit Kanonenkugeln zu Fall gebracht.

Angriff!

Einige Völker Zentralasiens konnten schon immer auch vom Pferd aus Pfeile zielgenau abschießen. Doch erst mit der Erfindung des Steigbügels im 4. Jahrhundert war die Stunde der berittenen Soldaten, vor allem der mittelalterlichen Ritter, gekommen. Bis weit ins 20. Jahrhundert wurden Kriege noch hoch zu Ross – wenn auch ohne Rüstung – geführt.

▲ Im Krimkrieg (1853–1856) stürmten in der Schlacht von Balaklawa über 600 britische Soldaten auf Pferden in die Schlacht. Rund 200 wurden verletzt oder getötet.

▲ Im Ersten Weltkrieg (1914–1918) überbrachten Hunde Botschaften und transportierten Waffen.

▲ G. I. Joe gehörte zum Brieftaubenregiment der USA und erhielt im Zweiten Weltkrieg (1939–1945) eine Kriegsauszeichnung. Eine von ihr überbrachte Nachricht rettete über tausend Menschen das Leben.

Tierische Boten

Menschen sind als Boten langsam und leicht angreifbar. Bevor man Nachrichten per Funk übermitteln konnte, waren Brieftauben die beste Möglichkeit, um Nachrichten über weite Entfernungen zu schicken. Und wenn es darum ging, über gefährliches Terrain zu rennen, konnte es niemand mit einem Botenhund aufnehmen.

Die amerikanische Marine bildete einst Delfine aus. Sie sollten Taucher aufspüren, die in die Sicherheitszonen um Schiffe und Armeestützpunkte eindrangen.

Kameltruppe

In der britischen Reichs-Kamelbrigade dienten Soldaten aus England, Indien, Australien und Neuseeland und kämpften im Ersten Weltkrieg erfolgreich im Nahen Osten. Kamele können fünf Tage lang ohne Wasser auskommen und sind somit ideal für Wüsteneinsätze.

Unter BELAGERUNG

Eine mittelalterliche Burg zeigte deutlich die Stärke und Erhabenheit ihres Besitzers. Fiel sie, so fiel die Macht des Burgherrn mit ihr. Der Baumeister musste sie also mit jeglichen Verteidigungsmöglichkeiten von Zinnen bis zum Burggraben uneinnehmbar machen. Vor ihren Toren überlegten sich dagegen Angreifer raffinierte Tricks, um in die Festung einzudringen.

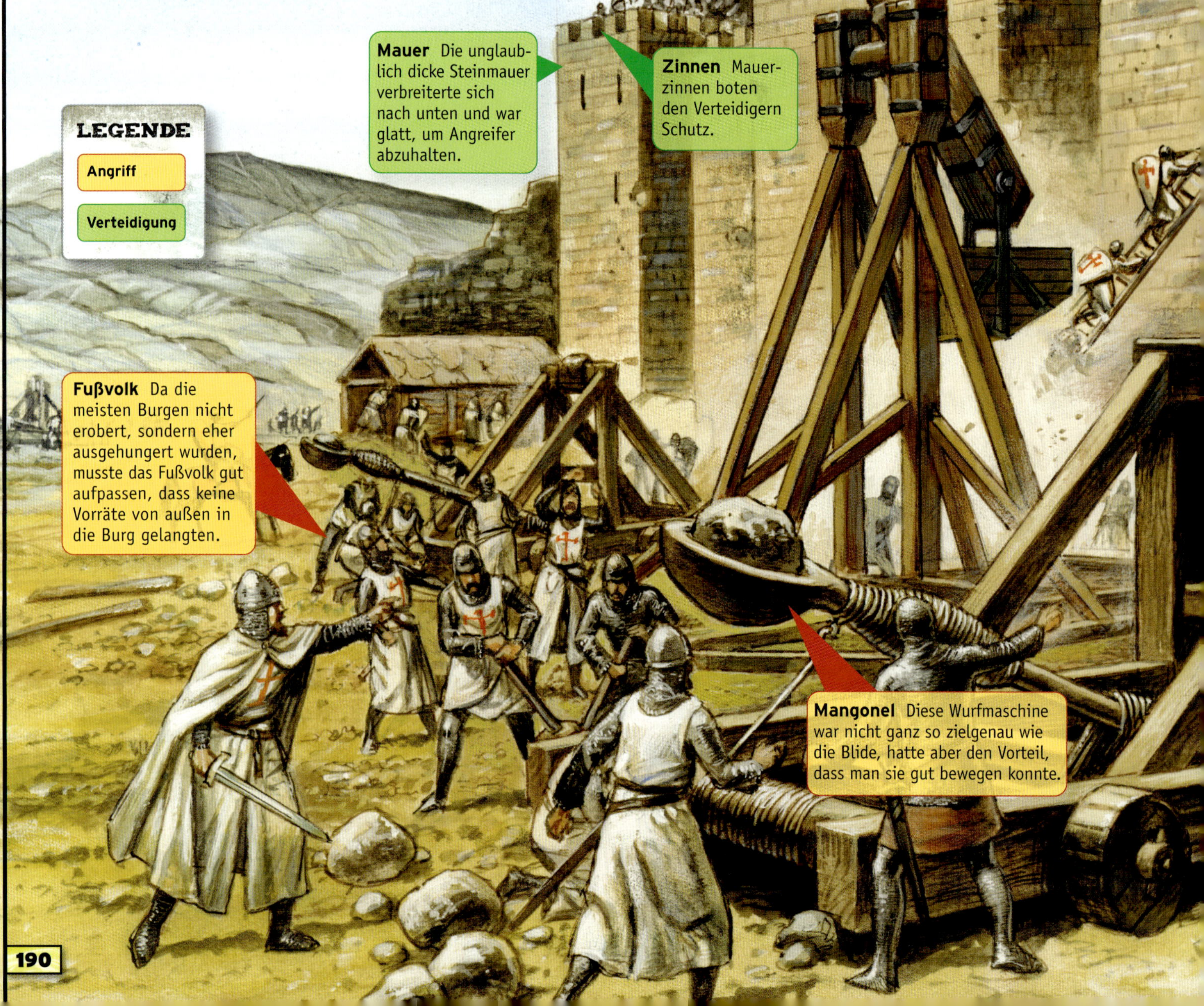

Extreme Taktiken

Angreifer katapultierten eine mit der Pest infizierte Leiche über die Mauer und brachten so die Verteidiger in große Gefahr.

Durch ein sogenanntes Ausfalltor, eine verborgene Tür, konnten die Verteidiger heimlich den Feind angreifen. Die Soldaten von Hadleigh Castle in England nutzten es und bewarfen ihre Angreifer mit toten Fischen.

1306 fiel Kildrummy Castle in Schottland an Edward, den Prinzen von Wales, weil ein Verräter das Kornlager der Burg angezündet hatte.

1204 eroberten die Franzosen das Château Gaillard, indem sie die Toilettenschütte hinaufkletterten.

Ruhm und EHRE

Viele große Entdeckungen und Abenteuer der Geschichte sind der menschlichen Neugier zu verdanken. Die Menschen wollten ihr Wissen erweitern, ihre Theorien überprüfen, ihren Glauben verbreiten oder reich und mächtig werden. Die meisten von ihnen strebten jedoch nach Geld und Ruhm.

Eine neue Welt

1492 stach der Spanier Christoph Kolumbus (1451–1506) in See, um einen neuen Handelsweg nach Indien zu suchen. Als er auf Land stieß, glaubte er, er sei in Asien. Doch Kolumbus hatte einen neuen Kontinent entdeckt: Amerika, das nach seiner Rückkehr nach Spanien »neue Welt« genannt wurde. Kolumbus verlangte »eine große Belohnung« für sich und seine Familie.

Versteckte Beute?

Edward Teach (um 1680–1718), auch Blackbeard (Schwarzbart) genannt, war ein unbarmherziger Pirat, der besonders schrecklich aussah – er trug nämlich absichtlich brennende Lunten unter seinem Hut. Er kaperte Schiffe in der Karibik, bevor ihn der britische Offizier Robert Maynard tötete. Schatzsucher sind seitdem auf der Jagd nach seinem legendären Schatz, der irgendwo vergraben sein soll.

Abkürzung

1519 brach der Portugiese Ferdinand Magellan (1480–1521) in den Westen auf: Er wollte auf dem Weg zu den Gewürzinseln Südamerika umsegeln und den Pazifik durchqueren. Weil er eine Abkürzung fand, die »Magellanstraße«, machte ihn diese Reise berühmt, doch noch bevor seine Flotte ihr Ziel erreichte, wurde Magellan von philippinischen Kriegern getötet.

Goldgräber

Die meisten gebildeten Menschen hatten im 19. Jahrhundert Homers »Ilias« gelesen und glaubten, dass Troja, der Schauplatz dieser Dichtung, nur eine Legende sei. Zwischen 1871 und 1873 entdeckte der Hobby-Archäologe Heinrich Schliemann (1822–1890) im türkischen Hisarlık die Stätte Trojas. Neun Städte waren im Laufe der Zeit an diesem Ort errichtet und zerstört worden. Schliemann fand dort prächtigen Goldschmuck und andere Schätze.

Unglaublich, aber wahr

In seinen hinterlassenen Reisebeschreibungen »Il Milione« behauptet Marco Polo, er habe noch nicht einmal die Hälfte seiner Erlebnisse erzählt, da ihm ja ohnehin niemand glauben würde. Insgesamt legte er über 40 000 km zurück und lernte dabei so interessante chinesische Erfindungen wie z. B. Papiergeld und Feuerwerk kennen.

Letzter Versuch

Howard Carter (1874–1939) war sich sicher, dass das unversehrte Grab des ägyptischen Pharaos Tutanchamun im Tal der Könige lag. Nachdem er jahrelang vergeblich gesucht hatte, wollte sein Gönner Lord Canarvon 1922 nur noch eine Grabung bezahlen. Doch das war ausreichend – Carter machte die spektakulärste archäologische Entdeckung aller Zeiten: das seit 1327 v. Chr. unberührte Grab des Tutanchamun.

Pirat oder Patriot?

Auf Befehl von Königin Elisabeth I. segelte Sir Francis Drake (1540–1596) um die Welt, griff spanische Schiffe an und riss sich ihre unermesslichen Schätze unter den Nagel. Wegen seiner Verdienste um England wurde Drake als Held gefeiert und zum Ritter geschlagen. In Spanien galt er jedoch als mörderischer Pirat.

Die sieben WELTWUNDER

Nur aus griechischen Reiseberichten kennen wir die sieben Weltwunder der Antike. Die Historiker streiten sich, welche Bauwerke auf der Liste standen und wie sie aussahen. Wir werden es leider nie genau erfahren, denn nur die Cheops-Pyramide von Gizeh ist noch erhalten.

Cheops-Pyramide von Gizeh

Was: ein großes Grabmal aus Stein

Wo: bei Kairo, Ägypten

Wann: aus der Regierungszeit von König Cheops (ca. 2620–2580 v. Chr.)

Größe: Seitenlänge 230 m, Höhe 145 m, Grundfläche 52 600 m²

Beschreibung: Die Pyramide ist an den vier Himmelsrichtungen ausgerichtet, hat einen quadratischen Grundriss und besteht aus 2,3 Millionen Kalksteinblöcken. Sie war das Grabmal des Königs Cheops.

Beschreibung: *Die Gärten gehörten zum Königspalast und wurden durch ein ausgeklügeltes System aus Pumpen und Kanälen bewässert, die Wasser aus dem Euphrat herleiteten. Einer Legende nach ließ Nebukadnezar die Gärten errichten, um seine Königin Amytis an die grünen Wälder ihrer persischen Heimat zu erinnern.*

Was: *in Stufen angelegte Gartenanlage*

Wo: *in Babylon, Hauptstadt des antiken Mesopotamien (heute der südliche Irak)*

Wann: *während der Regierungszeit von Königin Sammuramat (810–783 v. Chr.) oder König Nebukadnezar II. (ca. 605–561 v. Chr.)*

Größe: *unbekannt*

Hängende Gärten der Semiramis

Zeusstatue von Olympia

Beschreibung: *In Olympia, wo die antiken Olympischen Spiele stattfanden, gab es ein großes Zeus-Heiligtum. Im Haupttempel befand sich die größte Götterstatue aller Zeiten. Sie zeigte den Göttervater, wie er auf einem Thron saß.*

Was: *Statue aus Gold und Elfenbein*

Wo: *Olympia auf der Peloponnes, Griechenland*

Wann: *vom Bildhauer Phidias um 430 v. Chr. erschaffen*

Größe: *12 m hoch*

Artemis-Tempel in Ephesos

Beschreibung: *Der größte Tempel der Antike bestand aus glänzendem weißem Marmor und beherbergte viele Kunstschätze. Er war der Artemis geweiht, der griechischen Göttin der Jagd. Der Tempel wurde 268 n. Chr. zerstört und nicht wieder aufgebaut.*

Was: *riesiger Tempel mit Marmorsäulen*

Wo: *Ephesos liegt in der heutigen Türkei, in der Nähe der Stadt Selçuk*

Wann: *errichtet unter dem lydischen König Krösus, ca. 550 v. Chr.*

Größe: *110 m lang, 55 m breit*

Das Mausoleum von Halikarnassos

Beschreibung: *Auf dem rechteckigen Sockel erhoben sich eine Säulenreihe und darüber ein pyramidenförmiges Dach mit einer Statue von Mausolos und Artemisia in einem Streitwagen. Das Grab sollte das Königspaar verherrlichen.*

Was: *Grabbau in Form einer Schmuckschatulle*

Wo: *über der antiken Stadt Halikarnassos (heute Bodrum, Türkei)*

Wann: *errichtet unter Königin Artemisia II. von Karien, Schwester und Witwe des Mausolos, ca. 353–350 v. Chr.*

Größe: *quadratische Grundfläche mit einer Seitenlänge von 11 m*

Höhe: *45 m*

Koloss von Rhodos

Beschreibung: *Die Bewohner von Rhodos waren der Meinung, der Sonnengott Helios habe sie vor einem feindlichen Angriff gerettet, und dankten ihm mit einer mächtigen Bronzestatue.*

Was: *riesiges Götterstandbild neben der Hafeneinfahrt*

Wo: *Mittelmeerinsel Rhodos, Griechenland*

Wann: *errichtet 292–280 v. Chr.*

Größe: *über 30 m hoch*

Leuchtturm von Alexandria

Beschreibung: *Der höchste Leuchtturm aller Zeiten warnte die Seeleute vor den tückischen Untiefen vor der Mündung des Nils. Sein Feuer wurde von Spiegeln reflektiert und war 47 km weit sichtbar.*

Was: *der Superlativ eines Leuchtturms*

Wo: *Insel Pharos, Alexandria, Ägypten*

Wann: *errichtet zwischen 280 und 247 v. Chr.*

Größe: *120 m hoch*

HELDEN & Schurken

Helden sind Vorbilder, die uns zu Anstand und Größe inspirieren und an denen wir uns orientieren. In vielen Gesellschaften wurden früher Krieger für ihre Stärke und Tapferkeit verehrt. Heute dagegen bewundern wir eher Menschen, die sich für den Frieden einsetzen.

Konfuzius (551–479 v. Chr.)
(auf Chinesisch Kong Fuzi)
Konfuzius war ein chinesischer Beamter und zog später als Philosoph umher. Dabei vermittelte er Werte, die für alle Völker und Staaten gelten.

Mark Aurel (121–180 n. Chr.)
Mark Aurel war Roms friedliebender Philosophenkaiser. In seinen »Selbstbetrachtungen« zeigt er uns, wie wir uns in Konfliktzeiten am besten verhalten. Daran hielt sich z. B. auch Friedrich der Große von Preußen.

Grausam, unberechenbar, machtgierig und egoistisch: Die Schurken der Weltgeschichte sind für ihre bösen Taten berüchtigt. Um ihre Ziele zu erreichen, gehen sie über Leichen.

Caligula (12–41 n. Chr.)
Mörderisch, inzestuös, impulsiv, extravagant, eitel, rachsüchtig und wahrscheinlich verrückt: Dieser römische Kaiser kommt gar nicht gut weg. Angeblich inszenierte er sich sogar selbst als Gott.

Attila, der Hunnenkönig (um 406–453 n. Chr.)
Attila, der Gründer des Hunnenreichs in Osteuropa, wurde von seinen Feinden als »Geißel Gottes« bezeichnet, denn er kannte keine Skrupel, wenn er nur Land oder Reichtum bekommen konnte.

Abraham Lincoln (1809–1865)
Der 16. Präsident der USA führte sein Land durch den amerikanischen Bürgerkrieg und setzte der Sklaverei ein Ende. Er wurde 1865 ermordet, als er mit seiner Frau ein Theaterstück besuchte.

Florence Nightingale (1820–1910)
Die englische Krankenschwester wurde durch ihre Arbeit im Krimkrieg (1853–1856) berühmt. Damals kümmerte sie sich um verletzte Soldaten, die sie »die Dame mit der Lampe« nannten, da sie ihre Besuche oft nachts machte. Sie setzte sich dafür ein, dass Frauen als Krankenschwestern arbeiten durften.

Nelson Mandela (*1918)
1948 führte Südafrika die Politik der Apartheid (erzwungene Rassentrennung) ein. Mandela leitete die Widerstandsbewegung und wurde zu einem internationalen Symbol für den Kampf um Toleranz und Gleichheit. Nach 27 Jahren im Gefängnis wurde er entlassen und ein respektierter Politiker.

Dschingis Khan (um 1162–1227)
Dschingis Khan wurde als Stammesführer in Nordostasien geboren und vereinte die mongolischen Nomadenstämme. Der selbst ernannte »ungestüme Herrscher« schuf ein riesiges Weltreich – durch zahllose Kriege und brutale Massenmorde.

Iwan der Schreckliche (1530–1584)
Russlands erster Zar Iwan IV. war ein korrupter und unberechenbarer Tyrann, der Tausende ermordete und seinen eigenen Sohn in einem Wutanfall tötete.

Josef Stalin (1879–1953)
Stalin, geboren als Iosseb Dschughaschwili, riss die Macht in der Sowjetunion an sich und sicherte sie durch Massenhinrichtungen. Millionen Menschen ließ er verhaften und in Arbeitslager deportieren, wo die meisten von ihnen starben.

Große KRIEGER

Kämpfe werden nicht nur durch Muskeln, sondern auch durch Geisteskraft und Psychologie gewonnen. Daher siegten oft Krieger, die stark aussahen und ihren Gegnern Angst einflößten. Ob Ritter oder Wikinger: Die besten Kämpfer der Geschichte waren extrem erfolgreich.

Hoplit

Kategorie: Fußvolk
Einsatzort: antikes Griechenland
Zeit: 8. bis 4. Jahrhundert v. Chr.
Kopfschutz: Helm mit Wangenschutz
Rüstung: Brustharnisch und Beinschienen, Brust- und Rückenpanzer aus Bronze oder Leinen-Korselett
Waffen: Speer (3 m) und Kurzschwert
Schild: rund, aus Holz und Bronze
Disziplin: gut
Größter Erfolg: Abwehr einer persischen Invasion bei Marathon, 490 v. Chr.

Römischer Fußsoldat

Kategorie: professioneller Fußsoldat
Einsatzort: Europa und Naher Osten
Zeit: 2. Jahrhundert v. Chr. bis 5. Jahrhundert n. Chr.
Kopfschutz: flacher Eisenhelm mit Wangenschutz
Rüstung: Platten über Oberkörper und Schultern
Waffen: Wurfspeer (2 m) und Kurzschwert
Schild: groß und (ab dem 1. Jahrhundert) rechteckig und gebogen; aus mit Bronze oder Eisen verstärktem Holz
Disziplin: hervorragend
Größter Erfolg: Eroberung Großbritanniens, 1. Jahrhundert

Wikinger

Kategorie: Mitglied einer nordischen Kriegertruppe; schlossen sich später zu großen Heeren zusammen
Einsatzort: Westeuropa, Nordatlantik
Zeit: 8. bis 11. Jahrhundert
Kopfschutz: Eisenhelm (ohne Hörner)
Rüstung: Leder- oder Kettenpanzer
Waffen: Speer, Axt, Schwert und Dolch
Schild: klein und rund, aus Holz oder Metall
Disziplin: schlecht
Größter Erfolg: jagten dem Königreich Frankreich 911 die Provinz Rouen ab und änderten ihren Namen in Normandie

Mittelalterlicher Ritter

Kategorie: Höfling und Krieger
Einsatzort: Europa und Naher Osten
Zeit: 11. bis 15. Jahrhundert
Kopfschutz: hängt von der Epoche ab – am bekanntesten ist ein Helm, der den Kopf ganz einschließt: der Topfhelm
Rüstung: später komplette Rüstung (aus Metallplatten) über Kettenhemden
Waffen: Lanze (4 m), kräftiges Schwert, Axt und Dolch
Schild: alle Formen, aus Holz und Eisen
Disziplin: schlecht
Größter Erfolg: in der Schlacht von Arsuf 1191 besiegte Richard Löwenherz den Sultan Saladin

Aztekischer Soldat

Kategorie: Kriegerkaste mit adeligen Berufskriegern an der Spitze
Einsatzort: Mittelamerika
Zeit: 14. bis 16. Jahrhundert
Kopfschutz: gepolsterter Baumwollhelm, oft reich verziert
Rüstung: gepolsterter Baumwollanzug, der den Großteil des Körpers bedeckte
Waffen: hölzerne Wurfspeere und Keulen, Pfeil und Bogen, Messer aus dem messerscharfen Stein Obsidian
Schild: aus Holz, mit Federn geschmückt
Disziplin: durchschnittlich
Größter Erfolg: Sieg über Azcapotzalco 1428

Samurai

Kategorie: militärischer Adel
Einsatzort: Japan
Zeit: 12. bis 19. Jahrhundert
Kopfschutz: breiter Metallhelm, der auch den Hals schützte, manchmal mit Maske
Rüstung: raffinierte Kombination aus Metall, Bambus und Stoff, die den ganzen Körper bedeckte
Waffen: Katana-Schwert, Keule, Bogen, Speer, Messer, später Schusswaffen
Schild: rund, wenn vorhanden; aus Holz und Metall
Disziplin: gut
Größter Erfolg: japanische Invasion in Korea 1592–1593

Zulukrieger

Kategorie: Stammeskrieger
Einsatzort: südliches Afrika
Zeit: 18. und 19. Jahrhundert
Kopfschutz: Kopfband aus Tierfell
Rüstung: keine
Waffen: Speere – der *Isijula* zum Werfen und der *Iklwa* zum Stechen, Keule
Schild: blattförmig, aus Tierhaut
Disziplin: hoch
Größter Erfolg: Sieg über die Briten bei Isandhlwana 1879

Ermordete STAATSMÄNNER

Immer wieder wurden Politiker – egal, ob beliebt oder unbeliebt – ermordet. Ein Attentat ist ein gezielter Mord, meist mit einem politischen Motiv. Doch auch der Glaube, militärische Gegnerschaft oder ein finanzieller Gewinn machen Menschen zu Attentätern.

Heinrich IV., französischer König

Der Fanatismus kennt keine Grenzen, wie der beliebte französische König Heinrich IV. (1553–1610) 1610 feststellen musste. Der Protestant nahm den katholischen Glauben an, tolerierte jedoch auch die protestantische Religion, um die religiöse Spaltung seines Landes zu überwinden. Doch für François Ravaillac war das zu viel: Er erstach den König auf dem Weg zur Krönung der Königin in seiner Kutsche.

Julius Cäsar, römischer Feldherr

Die Laufbahn eines der größten römischen Heerführers fand am 15. März 44 v. Chr. ein jähes Ende, als er im Senat erstochen wurde. Das Motiv des Attentäters? Er wollte die römische Republik vor einem Möchtegern-König bewahren.

Wilhelm II., englischer König

Wilhelm II. (um 1056–1100) war als König nicht gerade beliebt. Daher brodelte die Gerüchteküche, als er von einem Jagdausflug nicht zurückkehrte. Seine von einem Pfeil durchbohrte Leiche wurde am nächsten Tag gefunden – und sein Bruder Heinrich erklomm den Thron. War es ein Unfall oder Mord?

Alexander II., Zar von Russland

Der russische Zar Alexander II. (1818–1881) setzte viele Reformen durch und schenkte u. a. den Leibeigenen die Freiheit. Doch dem »Volkswillen«, einer Untergrundorganisation, ging das nicht weit genug. Attentäter aus dieser Gruppe töteten den Zar in Sankt Petersburg mit einem Bombenanschlag auf seine Kutsche.

Franz Ferdinand, österreichisch-ungarischer Erzherzog

Am 28. Juni 1914 feuerte der serbische Nationalist Gavrilo Princip in Sarajevo zwei Schüsse ab, die den Ersten Weltkrieg (1914–1918) auslösten. Das Opfer war Franz Ferdinand, österreichisch-ungarischer Erzherzog. Bald darauf griff Österreich Serbien an. Russland half dem serbischen Verbündeten, und Deutschland unterstützte Österreich. Dann schaltete sich Frankreich ein und half Russland … und schon bald befand sich die ganze Welt im Krieg.

JFK nur wenige Augenblicke vor den tödlichen Schüssen

John F. Kennedy, US-Präsident

Als der amerikanische Präsident John F. Kennedy am 22. November 1963 durch Dallas, Texas, fuhr, fielen um 12.30 Uhr vier Schüsse. Der Präsident wurde in Kopf und Körper getroffen und starb wenig später. Ein Verdächtiger namens Lee Harvey Oswald wurde festgenommen, doch wurde er noch vor Prozessbeginn erschossen. Das Rätsel bleibt: Wer erschoss JFK und warum?

Jitzchak Rabin, israelischer Ministerpräsident

Israel und seine arabischen Nachbarn liegen schon lange im Streit. Als Jitzchak Rabin (1922–1995) 1993 das Oslo-Abkommen mit den Palästinensern unterzeichnete, erhielt er dafür den Friedensnobelpreis. Zwei Jahre später wurde er von Yigal Amir getötet, der gegen das Abkommen war.

Nach den Schüssen bei einer Friedenskundgebung in Tel Aviv drängen Sicherheitsbeamte Rabin in ein Auto.

Der Schwarze TOD

Das Unheil kam aus dem Osten und verbreitete sich in einer tödlichen Welle über ganz Europa. In nur vier Jahren (1347–1351) wurde ein Drittel der Bevölkerung Europas ausgelöscht. Reich und Arm – niemand war immun gegen die Beulenpest, auch »Schwarzer Tod« genannt. Es dauerte mehr als hundert Jahre, bis die Bevölkerungszahl wieder so hoch war wie zuvor.

Tödliche Seuche

Der Schwarze Tod kam mit Schiffsratten aus dem östlichen Mittelmeerraum nach Europa und wütete über 400 Jahre lang. Seinen Namen bekam er wegen seiner Symptome: Eiter, schwarze Schwellungen (Beulen) unter den Armen, am Hals und an der Leiste. Wer infiziert war, hatte eine Überlebenschance von 20 % – die meisten starben innerhalb einer Woche.

Rattenflöhe

Die meisten Wissenschaftler glauben, dass die Pest von Rattenflöhen verbreitet wurde. Zu einer Zeit, in der Hygiene noch ein Fremdwort war, tummelten sich Rattenflöhe überall in Betten und Kleidern. Und ein Biss war bereits genug … Übertragen wurde das Bakterium *Yersinia pestis*.

▼ Dieses Gemälde zeigt, wie Menschen auf der Straße starben. Berge von Leichen lagen herum.

Ratlose Ärzte

Einige Ärzte glaubten damals, dass schon ein Blick die Pest übertragen könne. Bizarr waren aus ihrer Unkenntnis heraus die »Heilmethoden«: Patienten wurden zur Ader gelassen, mussten Smaragde, Perlen oder Gold schlucken oder eine Mischung aus Apfelsirup, Zitrone, Rosenwasser und Pfefferminze trinken. Auf die Beulen wurde getrockneter Kot gelegt.

▶ Die Schutzkleidung der Ärzte: Wie eine Gasmaske sollte der »Schnabel« verhindern, dass sie Keime einatmeten.

Ein mittelalterliches Heilmittel gegen die Pest: täglich zwei Gläser des eigenen Urins trinken.

»Gevatter Tod« mit seiner Sense

Prinzessin Joan, die 15-jährige Tochter des englischen Königs Eduard III., starb auf dem Weg zu ihrer Hochzeit mit einem spanischen Prinzen an der Pest.

Massengräber

Die Leichen der Pestopfer mussten schnell beseitigt werden, damit sie nicht verwesten und die Krankheit weiterverbreiteten. Da die Zahl der Toten so hoch war, konnte man sie nicht einzeln bestatten. Die Leichen wurden in Karren eingesammelt und in Massengräber geworfen.

▶ Hunderte Leichen kamen in ein Massengrab.

Strafe des Himmels

Da die Menschen damals sehr religiös waren, galt die Pest als Strafe Gottes für die Sünder. Vorbeugung und Heilung brachten nicht die Wissenschaft, sondern Beten, Beichten und Büßen.

Mit einer Geißelung (Schläge oder Peitschenhiebe) büßten die Menschen für ihre Sünden.

▼ 1987 wurden in der Nähe des Londoner Towers Massengräber mit über 1000 Pestopfern entdeckt.

Noch nicht vorbei ...

Unser Wissen über den schrecklichen »Schwarzen Tod« stammt u. a. aus Ausgrabungen von Massengräbern. Doch auch heute noch bricht diese furchtbare Epidemie ab und zu aus – zuletzt 1994 im indischen Surat.

Menschen-OPFER

Die frühen Götter waren grausam und launisch und verlangten viel. Manche konnten nur durch das größte Opfer überhaupt besänftigt werden: ein Menschenleben. Nirgendwo lief dies spektakulärer und blutiger ab als bei den Azteken im heutigen südlichen Mexiko.

▲ Ein Aztekenpriester schneidet einem Kriegsgefangenen das Herz heraus.

Brennender Korb

Auf seinen Feldzügen in Nordeuropa beobachtete Julius Cäsar, wie keltische Druiden ihre Götter durch Menschenopfer gnädig stimmten. Sie flochten eine große Figur aus Weidenzweigen, sperrten Menschen darin ein und zündeten die Figur an.

▶ Laut Cäsar wurden sowohl Verbrecher als auch Unschuldige in der großen Weidenfigur geopfert.

Blutige Herzen

Die Azteken glaubten, dass der Kriegs- und Sonnengott Huitzilopochtli für seinen Kampf gegen die Dunkelheit regelmäßig frisches Blut brauchte. An Festtagen wurden daher Kriegsgefangene zum Opferaltar auf der Tempelpyramide in der Hauptstadt Tenochtitlan gebracht. In einem blutigen Ritual schnitten Priester ihnen das Herz heraus.

▼ Sati ist ein alter Hindu-Brauch, bei dem eine Witwe zusammen mit ihrem verstorbenen Mann verbrannt wird.

Feuerkraft

Das uralte Sati-Ritual verlangte, dass eine Witwe zusammen mit ihrem verstorbenen Mann verbrannt wurde – egal, ob sie das wollte oder nicht. Die alten Griechen glaubten, dass dieser Brauch junge indische Ehefrauen davon abhalten sollte, ihre Männer zu vergiften.

Der Legende nach schickte die Stadt Athen alle sieben Jahre 14 Kinder als Futter für den Minotaurus in sein Labyrinth.

Opfer für Thor

Der mittelalterliche deutsche Historiker Adam von Bremen beschrieb grausame Vorgänge in einem Tempel im schwedischen Uppsala. Zum Kult um Thor und andere nordische Götter und Göttinnen gehörten auch Menschenopfer.

▼ Der nordische König Domalde bereitet sich vor: Er will sich selbst für sein Volk opfern.

◀ Ein japanisches Kamikaze-Flugzeug versucht, ein US-Kriegsschiff zu treffen.

Göttlicher Wind

Der Begriff »Kamikaze« bedeutet »göttlicher Wind« und bezeichnete ursprünglich einen Taifun, der im 13. Jahrhundert einen Angriff der chinesischen Flotte auf Japan zunichtemachte. Im Zweiten Weltkrieg übernahmen ihn japanische Selbstmordpiloten, die ihre Flugzeuge auf amerikanische Kriegsschiffe steuerten.

Heraus**GEPUTZT**

Als unsere Vorfahren vor über 100 000 Jahren begannen, Kleider zu tragen, wollten sie darin auch gut aussehen. Die meisten Kleidungsstücke betonten die besten Eigenschaften ihres Trägers. Doch manchmal nahm die Mode auch komische Auswüchse an: Frauen türmten z. B. ihre Frisur zeitweise 30 cm hoch auf. Einige Modetrends waren sogar grausam, wie die chinesische Sitte, die Füße von Mädchen einzubinden, damit sie in viel zu kleine Schuhe passten.

◄▼ Die Toga war sowohl Kleidung al
auch Erkennungszeichen der Bürger.

Römische Roben

Im Rom der Antike war eine Toga m
als nur ein 6 m langes Tuch aus edl
Wolle, das man um den Körper wick
und über die Schulter warf. Sie zeig
auch die Position des Trägers in der
Gesellschaft an – nur die männliche
Bürger Roms durften eine Toga trag

◄ Im 16. Jahrhundert präsentierte »Mann« seine wohlgeformten Beine in Strumpfhosen.

Elisabethanische Kostüme

Der wertvollste Besitz von Shakespeares Theatergruppe war ihre Garderobe. Es kostete mehr, als die meisten Menschen damals in einem Jahr verdienten, einen Mann in ein gefüttertes und besticktes Wams (Jacke) mit abnehmbaren Ärmeln, in einen Kragen, Strumpfhose, Seidenstrümpfe und elegante Schuhe zu kleiden.

◄ Geishas gestalten auch heute noch Partys und andere Veranstaltungen.

Geishas

Ein kalkweißes Gesicht, knallrote Lippen, Blumen im Haar, ein eleganter Kimono, ein leuchtender Obi (Schärpe) und Plateausohlen: Das alles gehörte dazu, wenn eine gut ausgebildete Geisha ihre Gäste mit kunstvollem Tanz und Musik faszinieren wollte.

Aristokratische Exzesse

Die Mode im späten 18. Jahrhundert ist ein wunderbares Beispiel dafür, wie verrückt Mode sein kann. Das Kleid einer Dame war von ihrer geschnürten Taille abwärts wie ein Ballon gebläht und mit unzähligen Rüschen besetzt. Die Frisur war oft größer als der Kopf und sah aus wie ein Vogelnest als Krönung dieser außergewöhnlichen Kreation.

▶ Damenmode im 18. Jahrhundert: tiefer Ausschnitt, hohe Frisur

▼ Mit ihren tätowierten Gesichtern sahen neuseeländische Maori-Krieger wild aus.

Tätowierte Schönheit

Bei den Maori in Neuseeland gibt es die Tradition Tā moko: Der Körper wird mit Knochenmeißeln geritzt, die Wunden werden mit natürlichen Farben gezeichnet – für immer. Die Tätowierungen befanden sich meist im Gesicht, an Oberschenkeln und Gesäß und zeigten Macht und Autorität an.

Sehr Po-pulär

Im späten 19. Jahrhundert erfanden die Schneider die Tournüre – einen Rock, der hinten so weit vom Körper abstand, dass ihn ein Stahlgerüst stützen musste.

◀ Die Tournüre ließ das Gesäß größer wirken – das galt als attraktiv.

Adlerzeichen

In einer Schlacht mit Indianern vom Stamm der Sioux, Absarokee, Blackfoot, Cheyenne oder Plains Cree wusste ein Gegner sofort, ob Kampf oder Flucht angesagt war. Jede Adlerfeder in der Kriegshaube stand für einen siegreichen Kampf. Viele Federn? Nichts wie weg – und zwar schnell!

◀ Sitting Bull, der Häuptling der Sioux, mit seiner Pracht-Federhaube, deren Federn sich noch auf seinem Rücken fortsetzten

Speis und Trank

Menschen sind Allesfresser: Wir mögen Pflanzen und Fleisch. Zu allen Zeiten gab es sowohl extreme Hungersnöte auf der Erde als auch Menschen, die im Überfluss lebten. Zur Zeit des englischen Königs Jakob I. (1603–1625) hatten Soldaten z. B. so wenig zu essen, dass sie ihren Kühen das Gras stahlen. Das andere Extrem war Heinrich VIII. (1491–1547). Er aß Hase, Hirsch, Hühnchen und Kalb mit Früchten – und das war nur der erste Gang!

Im Bürgerkrieg nach der Russischen Revolution 1917 herrschte grausame Hungersnot in der russischen Bevölkerung.

Die gefräßigen Römer brachten sich oft selbst zum Erbrechen, damit sie noch mehr essen konnten.

Von der Hand ...

... in den Mund: Schon immer schnitten die Menschen Fleisch mit dem Messer und löffelten Flüssigkeiten auf, aber sonst aßen sie meistens mit den Fingern. Kein Problem, wenn sie sauber sind ...

Sehr großzügig

Im Jahr 1900 beschäftigte die französische Regierung 3600 Köche und Kellner, um ein Festmahl für die Bürgermeister des Landes aufzutischen. Unter anderem gab es 2 Tonnen Fasane und 50 000 Flaschen Wein. *Bon appétit!*

KLEINE LECKEREI

Die Römer der Antike ließen sich vormittags gerne eine knusprige Haselmaus schmecken.

Tierisches Festmahl

Um 484 v. Chr. ließ der persische König Darius angeblich 1000 Tiere für ein Festmahl schlachten. Auf der Speisekarte standen geräucherte Kamelhöcker, Ochse, Zebra und Strauß.

Großer Vogel

Bis ins 17. Jahrhundert war Schwan ein beliebtes Gericht bei den oberen Zehntausend. Der Vogel wurde lange gebraten und wie Rindfleisch serviert. Angeblich schmeckte er auch gut.

Prost!

Vor dem 16. Jahrhundert tranken die meisten Europäer aus Zinn-, Ton- oder Lederkrügen. Trinkgefäße aus Leder wurden innen mit Harz überzogen, damit sie auch wasserdicht waren.

Frühstücksbier

Im Mittelalter enthielten Wasser und Milch oft Keime, die Krankheiten übertrugen. Wer es sich leisten konnte, trank deshalb ausschließlich Bier und Wein.

Drakonische STRAFEN

Rechtssysteme fordern eine angemessene Strafe für Verbrechen. Doch früher wurden auch kleine Vergehen oft mit extremen Strafen geahndet. Wer ein Schaf stahl, wurde gehängt, wer einen Laib Brot klaute, dem wurden die Knochen gebrochen.

Raus mit dir!

Im antiken Athen fand man eine todsichere Methode, um mit politischen Störenfrieden umzugehen. In einer Bürgerversammlung schrieben die Anwesenden die Namen von Menschen, die sie loswerden wollten, auf eine Tonscherbe (Ostrakon). Jeder, auf den eine große Anzahl an Stimmen entfiel, wurde für zehn Jahre aus dem Stadtstaat verbannt.

▼ Der Name eines unbeliebten Atheners, der per Scherbengericht in die Verbannung geschickt wurde

Kopf ab!

Während der Schreckensherrschaft der Französischen Revolution von 1793 bis 1794 kam eine schockierende Strafe zum Einsatz. Als der Revolutionsführer Robespierre es zum Verbrechen erklärte, ein Volksfeind zu sein, und darauf die Todesstrafe verhängte, fanden Tausende den Tod durch die Guillotine, nur weil sie waren, wer sie waren. Ein Adeliger galt z. B. von Haus aus als Volksfeind.

▶ Die »Eiserne Jungfrau«, ein Folterwerkzeug im späten 18. Jahrhundert: Das Opfer wurde eingesperrt und von spitzen Gegenständen durchbohrt.

1793 wurde Marie Antoinette wegen Verrats mit der Guillotine hingerichtet.

Folterwerkzeuge

Schon seit Langem werden Menschen durch brutale Foltermethoden gezwungen, Informationen preiszugeben. Für die Sklaven im antiken Rom gab es nur selten angemessene Strafen. So wurde in vorchristlicher Zeit ein Sklave, der eines winzigen Verbrechens beschuldigt wurde, automatisch gefoltert, damit er gestand. Wurde im Rom der Kaiserzeit ein Sklave des Mordes für schuldig befunden, wurden auch alle anderen Sklaven des Haushalts gekreuzigt.

William Prynne wurde an den Pranger gestellt. Dort wurden ihm die Ohren abgeschnitten.

Ohren ab!

Der englische Puritaner William Prynne (1600–1669) hielt das Theater für rechtswidrig und unsittlich und erläuterte dies in seinem 1000-seitigen Werk »Histriomastix« (1632). Da kurz nach der Veröffentlichung die Königin Henrietta Maria in einer Privatvorstellung am Hof auftrat, galten Teile aus »Histriomastix« als Angriff auf die Königin. Prynne wurde eingesperrt und ihm wurden die Ohren abgeschnitten.

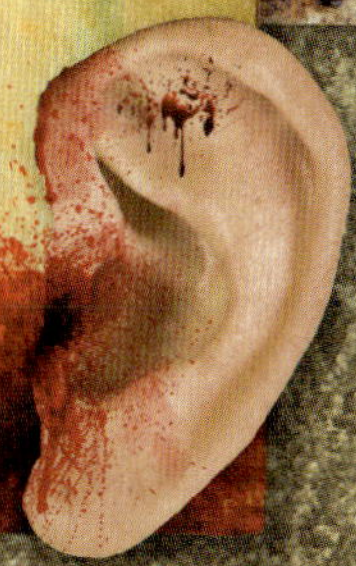

Ob Unfall oder Mord: Die Schuld am Tod eines Elternteils wurde früher in China mit dem Tod bestraft. Ein Vater, der seinen Sohn zu Tode prügelte, musste dagegen nur eine Geldstrafe zahlen.

▼ Zwischen dem 15. und 18. Jahrhundert wurden viele Frauen der Hexerei bezichtigt und verbrannt.

▼ Im Mittelalter wurde ein Verbrecher mit Kopf und Händen im sogenannten Block eingesperrt. Dann musste er an einem öffentlichen Ort – am »Pranger« – stehen und sich erniedrigen und quälen lassen.

▶ Der Foltersessel hatte auf der Sitzfläche sowie an Arm- und Rückenlehne Stacheln, die ins Fleisch eindrangen und so zu Blutverlust und schließlich zum Tod führten.

Die letzte Hexe

1782 wurde Anna Göldi in der Schweizer Stadt Glarus enthauptet. Unter der Folter hatte sie gestanden, den Teufel in Gestalt eines schwarzen Hundes gesehen zu haben. Mit ihm habe sie Nadeln ins Essen der Töchter ihres Dienstherrn gemischt. Sie war die letzte in Europa hingerichtete »Hexe«.

Gesund ODER TOT

Bis zur wissenschaftlichen Revolution im 17. Jahrhundert war die Heilkunst eine Mischung aus Aberglauben, Religion, Volkswissen, Mythos, Schwindel und Spekulation. »Heilmethoden« waren z. B. das Einreiben mit einer lebendigen Kröte (bei der Pest), ein Tee aus zerriebenen Insekten (gegen Tollwut) und ein Verband aus dem Kot eines Schreibers und Milch. Viele dieser Behandlungen schadeten mehr, als sie nützten. Die besten Überlebenschancen hatten oft diejenigen, die keinem Arzt in die Hände fielen!

Die mittelalterliche Medizin beruhte auf der Annahme, dass der Körper vier »Körperflüssigkeiten« enthalte: schwarze Galle, gelbe Galle, Schleim und Blut. Zu viel schwarze Galle sollte einen Menschen melancholisch machen.

Kerzenkur

Wer im mittelalterlichen Europa an Zahnschmerzen litt, musste eine brennende Kerze an die betroffene Stelle halten. Man glaubte, die Würmer, die den Zahn von innen auffraßen, würden dann herauskommen und in einen bereitstehenden Becher fallen.

Feuer gegen das Böse: Eine brennende Kerze sollte bei Zahnschmerzen helfen.

▼ Schröpfkur in einem deutschen Badehaus

Schröpfen

Schon im alten Ägypten wurden Menschen mithilfe heißer Gläser auf der Haut geschröpft. Wenn sich die Luft im Glas abkühlt und zusammenzieht, soll diese »Heilmethode« dem Körper überschüssige Flüssigkeit entziehen. Die Prozedur hinterlässt kreisförmige Narben und hat keinen erwiesenen Nutzen.

Auch heute wird noch geschröpft, um den Körper zu entgiften.

Billige Unterhaltung

Erst in der Moderne erkannten und behandelten Ärzte Geisteskrankheiten. Bis ins 19. Jahrhundert war das Londoner »Bethlem Royal Hospital« (auch »Bedlam«) eine Art Zirkus. Besucher zahlten einen Penny und bestaunten dann die angeketteten »Verrückten«.

◀ Der Kupferstich von William Hogarth zeigt vornehme Besucherinnen, die sich in Bedlam über die psychisch Kranken amüsieren.

Selbstbehandlung
it Blutegeln

Blutsauger

Früher glaubten die Menschen, dass man Krankheiten heilen könne, indem man dem Körper Blut entzieht, entweder durch einen Schnitt in die Ader oder durch Blutegel. Danach sank zwar der Blutdruck, doch den Patienten ging es oft schlechter.

Amputationen

Stark zerstörte oder septische Arme oder Beine werden abgenommen. Doch bevor die Narkose erfunden wurde, starben die Patienten oft bei den Operationen mit schmutzigen Messern oder Sägen – am Schock.

Das tut jetzt ein bisschen weh … eine Amputation im 17. Jahrhundert

Der Krötendoktor

Im Mittelalter trugen die Menschen kleine Beutel mit einer staubartigen Substanz um den Hals, die Krankheiten jeglicher Art abwehren sollten, sogar Krebs. Das Wunderheilmittel? Getrocknete und pulversierte Kröte!

Mach dich bereit zum Mahlen: Krötenpulver galt als Wundermittel.

Ein Patient mit einem Loch im Kopf

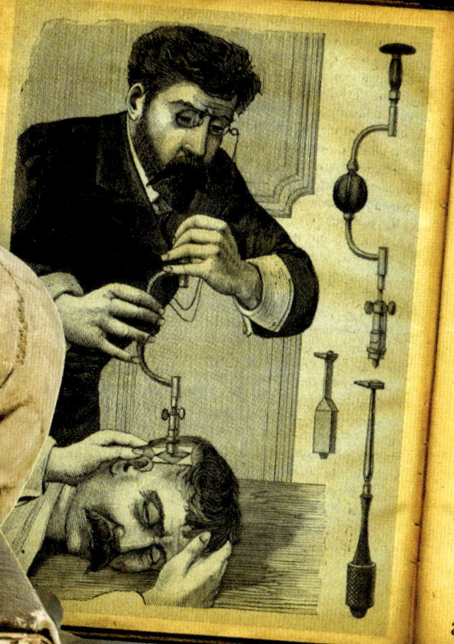

Ein Loch im Kopf

Schon in der Urzeit wurden Kopfverletzungen, aber auch Migräne und Epilepsie mit einer »Trepanation« behandelt: einer Operation, bei der ein Loch von bis zu 5 cm Durchmesser in den Schädel gebohrt wird, um den Druck zu verringern oder Flüssigkeit abzulassen. Diese Operation haben auch in der Urzeit tatsächlich einige Kranke überlebt.

◄ Die Trepanation heilte angeblich Kopfschmerzen, verursachte sie aber auch.

Arme und reiche Menschen gab es schon immer, doch mit Beginn der industriellen Revolution Mitte des 18. Jahrhunderts – zuerst in Großbritannien, dann im übrigen Europa und im Rest der Welt – vergrößerte sich diese Kluft erheblich. Die Arbeiter strömten in die Städte und lebten in armseligen Behelfsunterkünften. Jenseits des Atlantiks verrichteten verschleppte Afrikaner unbezahlte Sklavenarbeit. Fabrik- und Minenbesitzer, Banker, Reeder und Baumeister häuften dagegen unermesslichen Reichtum an.

Alle in einem Zimmer

Bis ins 20. Jahrhundert stand einer Arbeiterfamilie in Europa meist nur ein einziges Zimmer zur Verfügung. In den schnell wachsenden Industriestädten war die Wohnsituation besonders schlecht.

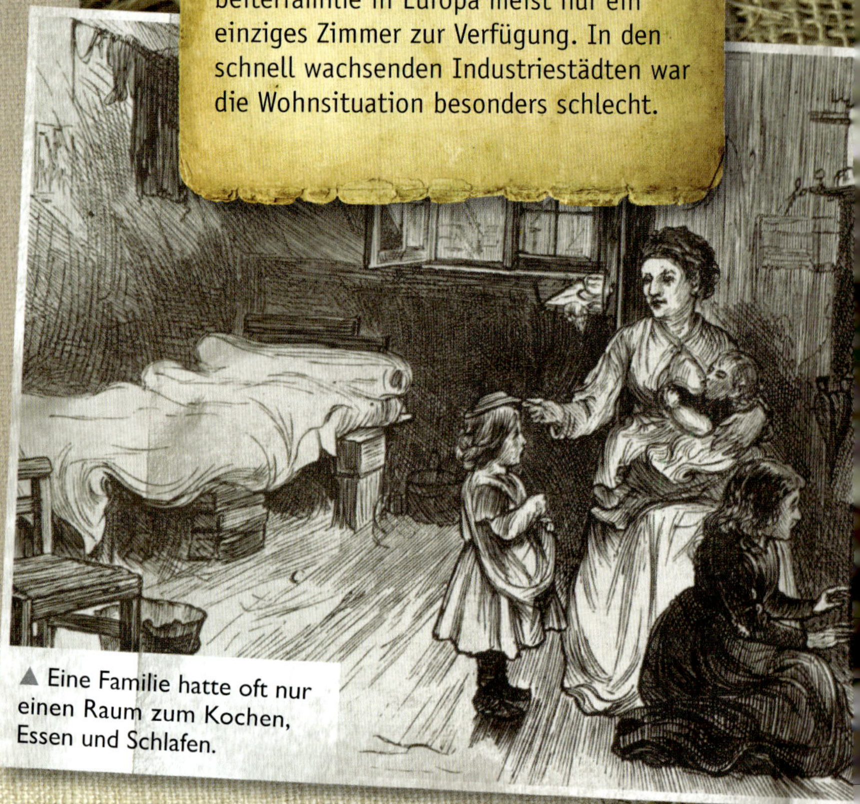

▲ Eine Familie hatte oft nur einen Raum zum Kochen, Essen und Schlafen.

BETTLER & Millionäre

Königlicher Reichtum

Königin Victoria erhielt pro Jahr 385 000 Pfund von der britischen Regierung, nur weil sie Königin war. Das entspricht dem heutigen Wert von 23 Millionen Euro. Als sie 1901 starb, hinterließ sie ein Vermögen von 2 Millionen Pfund (heutiger Wert: ca. 237 Millionen Euro).

Der Herzog von Portland ließ sich einen 2,4 km langen unterirdischen Gang bauen, damit er von seinem Familiensitz in Welbeck Abbey zum Bahnhof in Worksop gelangen konnte, ohne dass ihn jemand sah.

WAS KOSTET DIE WELT?
DIE KRÖNUNG VON KÖNIGIN VICTORIA (1838) KOSTETE 70 000 PFUND.

Das Reich der Armen

Zu arm, um ein Brot zu kaufen? Ab ins Armenhaus! In diesen trostlosen Einrichtungen lebten die Armen mit ihren Kindern und erhielten einfache Unterkunft und Mahlzeiten gegen harte Arbeit. Regeln und Strafen erinnerten an ein Gefängnis. Dies war absichtlich so, weil man Schmarotzer abschrecken wollte.

▼ Im Armenhaus von Marylebone in London lassen sich Arme ein kärgliches Mahl schmecken.

▼ Fabrikarbeiter lebten in kleinen Reihenhäusern ohne Toiletten und fließendes Wasser. Die Luft war rauchig von den nahen Fabriken.

Schmutzige Arbeit

Während der industriellen Revolution wurden viele Fabriken errichtet. Erwachsene und Kinder mussten dort stundenlang hart arbeiten. Bis 1850 profitierten nur die Fabrikbesitzer von der Industrie. Die Arbeiter lebten in schmutzigen und überfüllten Slums, die in der Nähe der Fabriken entstanden.

Ausstellungsmagnet

1849 hatte Königin Victorias Gemahl Prinz Albert die Idee zu einer Weltausstellung, die in London stattfinden sollte. Sie öffnete am 1. Mai 1851 ihre Tore, und 14 000 Aussteller lockten Millionen staunender Besucher in den neu gebauten »Crystal Palace«. Bis zum Ende der Ausstellung hatte ein Viertel der britischen Bevölkerung den »Crystal Palace« besucht.

Der »Crystal Palace« in London war das Symbol der industriellen Revolution.

Krieg und FRIEDEN

Der Mensch, so der englische Dichter Alexander Pope, ist »der Stolz, das Spiel und das Rätsel der Welt« – und das ist nirgends zutreffender als im Krieg. Nach den Schrecken des Ersten Weltkriegs (1914–1918) wurden in ganz Europa Friedensdenkmäler errichtet, doch kaum 20 Jahre später spaltete sich der Kontinent erneut. Obwohl sich viele historische Persönlichkeiten für den Frieden einsetzen, faszinieren uns auch die heroischen (und oft barbarischen) Taten von militärischen Befehlshabern.

Friedensfürst

Schockiert von den 100 000 Toten des Kalinga-Kriegs (um 265 v. Chr.), konvertierte der indische Kaiser Ashoka (304–232 v. Chr.) zum Buddhismus und gründete damit eines der friedlichsten, gerechtesten und tolerantesten Reiche aller Zeiten. Ausbildung, Gesundheit, Justiz und Wohlfahrt: In jedem Bereich seiner Regierung war die Gewaltlosigkeit zu spüren. Nach dem Tod wurde er als »Samraat Chakravatin« – als Kaiser aller Kaiser – bekannt.

Die Römer – ein Kriegervolk?

Hollywood zeigt das Römische Reich immer wieder als kriegerischen Ort voll grundloser Gewalt, doch dieses Bild stimmt so nicht. Über 200 Jahre lang (27 v. Chr.–180 n. Chr.) führte das Reich nur wenige Kriege und stellte den Mittelmeerraum, über den es herrschte, unter den Schutz von Recht und Ordnung.

▼ Die Meinung vieler Menschen über das Römische Reich wird durch Filme wie »Gladiator« (2000) geprägt, die die Gewalt und nicht Recht und Ordnung in den Mittelpunkt stellen.

Landraub

1066 schnappte sich Wilhelm der Eroberer die englische Krone und fing damit einen Krieg an, der erst 1558 endete, als Calais, Englands letzter Stützpunkt auf dem Kontinent, an Frankreich fiel. Der Kampf wurde im Wesentlichen von Königen geführt, die ihre Reiche vergrößern wollten. Der Höhepunkt des unwürdigen Konflikts war der Hundertjährige Krieg (der eigentlich 116 Jahre dauerte, 1337–1453).

◀ 1367: Frankreich, Spanien und England kämpfen bei Nájera um die Macht.

Berge von Schädeln

Der zentralasiatische Eroberer Tamerlan (1336–1405) war ein Experte für extreme Gräueltaten. Als er sein Reich um Persien und das Kaspische Meer errichtete, töteten seine Streitkräfte bis zu 100 000 Unschuldige am Tag. Er selbst hatte großen Spaß daran, Köpfe aus Kanonen zu schießen und die Schädel seiner Opfer zu Pyramiden aufzutürmen.

▶ Der skrupellose Eroberer Tamerlan war auch als Amir Timur oder (zu Unrecht) als Timur der Große bekannt.

Die ultimative Waffe

Am Montag, den 6. August 1945, löschte eine Atombombe mit dem Spitznamen »Little Boy« die japanische Stadt Hiroshima aus, und die Menschheit erkannte, dass sie nun stark genug war, sich selbst und ihren Planeten zu zerstören. US-Präsident Harry S. Truman hatte lange überlegt, ob er die Bombe einsetzen sollte, dachte jedoch, dass sie auf lange Sicht Leben retten würde. Wir alle müssen heute mit den Folgen dieser Entscheidung leben.

▲ Hiroshima, 1945: Die fürchterliche Zerstörung ist eine deutliche Warnung.

Verrückte GESETZE

Als Mr. Bumble in Charles Dickens' »Oliver Twist« erklärte, dass das Gesetz ein Esel sei, lag er gar nicht so falsch. In der Geschichte finden sich unzählige unsinnige Gesetze: teils dumm, teils richtig gemein. 1313 mag ein englisches Gesetz, das verbot, das Parlament in einer Ritterrüstung zu betreten, durchaus sinnvoll gewesen sein. 2011 ist es das nicht mehr. 1908 verbot der US-Bundesstaat Oklahoma die Heirat einer »Person afrikanischer Herkunft« und einer »Person nicht afrikanischer Herkunft«.

Immer schlank bleiben

Diskussionen über Fettleibigkeit scheinen eine Sache der Moderne. Doch schon 1336 verbot ein englisches Gesetz Mahlzeiten mit mehr als zwei Gängen, damit die Bevölkerung nicht zu dick und unbeweglich wurde.

»Küche eines Reichen« von Jan van der Heyden, 1563

Verrückte Taxis

Beim Taxifahren in London sind nicht nur die Preise verrückt. Es ist beispielsweise verboten, ein Taxi anzuhalten, wenn man an der Pest erkrankt ist. Auch dürfen Taxen keine Leichen und tollwütigen Hunde befördern.

Ledig oder verheiratet?

Ob verheiratet oder nicht: Für Frauen gibt es ganz besondere Gesetze. In Florida kann eine ledige Frau ins Gefängnis kommen, wenn sie am Sonntag Fallschirm springt. In Vermont in den USA braucht eine Frau die schriftliche Erlaubnis ihres Mannes, um ein Gebiss zu tragen.

Sich hübsch machen

Vor allem in Bekleidungsfragen mischen sich Gesetze gerne in den Alltag ein. So waren in der italienischen Hauptstadt Rom im 16. Jahrhundert tief ausgeschnittene Kleider verboten. In Massachusetts, USA, durften 1651 nur Menschen, die mindestens 200 Pfund besaßen, Gold- und Silberknöpfe tragen.

Maulbeer-Wahnsinn

China verteidigte seine Vorherrschaft in der Seidenherstellung mit allen Mitteln und bestrafte jeden, der die streng geheimen Methoden verriet. Wer preisgab, wie die Kokons der Larven des Maulbeerspinners geerntet und zu Fäden gesponnen wurden, den bestrafte man mit dem Foltertod.

Einfach verrückt

Angeblich verbot in den 1960er-Jahren ein geistesabwesender Gesetzgeber in Florida, Schusswaffen zu tragen, »außer um Ungeziefer oder Polizisten im Dienst zu erschießen«. Die Formulierung wurde geändert, bevor ein Polizist zu Schaden kam.

Die Kraft eines Namens

Kaiser Napoleon I. (1769–1821) war zwar ein undemokratischer Diktator, doch die Franzosen bewunderten ihn sehr – so sehr, dass sie verboten, einem Schwein seinen Namen zu geben. Das inspirierte den englischen Schriftsteller George Orwell dazu, das tyrannische Schwein in »Farm der Tiere« (1945) Napoleon zu nennen.

▼ In einem südafrikanischen Zug, in dem früher nur Weiße reisen durften, freuen sich schwarze Passagiere über ihre neue Freiheit.

Rassismus

Nachdem die südafrikanische Regierung Gesetze erlassen hatte, die alle Menschen nach ihrer Rasse einstuften, erließ sie 1950 den »Group Areas Act«, der genau festlegte, wo welche Rasse wohnen durfte. Demnach durften die Weißen, die das Gesetz erlassen hatten, in den schönsten Gegenden leben.

Register

Fette Markierungen zeigen Haupteinträge an, *kursive* verweisen auf Illustrationen.

Bildnachweis

Verlag und Herausgeber danken folgenden Agenturen und Institutionen für die Bildrechte:

Abkürzungen
Dreamstime = D
Fotolia = F
Frank Lane Picture Agency = FLPA
Getty Images = GI
istockphoto = iS
Minden Pictures = MP
The Moviestore Collection Ltd = MSC
NASA Goddard Space Flight Center = NASA-GSFC
NASA Jet Propulsion Laboratory = NASA-JPL
NASA Johnson Space Center – Earth Sciences and Image Analysis = NASA-JSC-ES&IA
NASA Marshall Space Flight Center = NASA-MSFC
Nature Picture Library = NPL
Photolibrary = P
Rex Features = RF
Robert Harding World Imagery = RHWI
Science Photo Library = SPL
Shutterstock = S

o = oben, u = unten, m = Mitte, l = links, r = rechts, Hg = Hintergrund

Umschlag: Shutterstock: Kletr, Ulrich Mueller, Ludmila Yilmaz, James Doss, Goran Bogicevic, 1971yes, Tom Hirtreiter, Juerg Schreiter, Michael Stokes, Faiz Zaki, MichaelTaylor, Studio37, Steffen Foerster Photography, Sergey Popov V, Tom C Amon, Cathy Keifer, Mike Norton, Pichugin Dmitry, Vulkanette, tororo reaction, tanatat, Aivolie, Vlad61, Galyna Andrushko, Eugene Berman, Marcel Jancovic, Kazela, Germanskydiver, emin kuliyev, Rich Lindie, Dan Breckwoldt, Hugh Lansdown

Bewegte Erde: 4–5 Adam Jones/SPL **6–7** (M) NASA Earth Observatory/SPL, (l) Tony Craddock/SPL, (or) NASA-JSC-ES&IA, (Rahmen) Shawn Hine/S, (ur) Gordon Garradd/SPL **8–9** (Hg) Jose AS Reyes/S, (M) mangiurea **8** (l) Andrea Danti, (ur) George Steinmetz/SPL **9** (ol) Vitaly Korovin, (or) Michael Peuckert/P, (ur) Arctic-Images/Corbis **10–11** (M) Grant Dixon/MP/FLPA **10** (M) Doug Allan/NPL, (Rahmen) imagestock/iS, **11** (Mr) Galen Rowell/Corbis, (ur) Valentyn Volkov/S **12–13** (M) Vulkanette/S, (Mu) Doug Perrine **12** (ul) Peter Oxford/NPL/ RF **13** (or) Alexander Gatsenko/S **14** Carlyn Iverson/SPL **15** (o) Michael Krabs/Imagebroker/ FLPA, (Mr) Nadezda/S, (u) Dr. Richard Roscoe, Visuals Unlimited/SPL **16–17** (Hg) KPA/Zuma/
RF **16** (Ml) Gary Hinks/SPL, (ur) Sipa Press/RF **17** (or) UC Regents, Natl. Information Service For Earthquake Engineering/SPL, (Ml) Corbis, (ur) dpa/Corbis **18–19** (Wasser Hg) Dudarev Mikhail/S, (ul) Aaron Amat/S, (ol) Frank Siteman/Science Faction, (Ml) Jacques Jangoux/Peter Arnold Images/P, (Mr) Kevin Schafer/MP/FLPA, (or) Kevin Schafer/MP/FLPA, (ur) Planetobserver/SPL **20** (Hg) Jack Dykinga/NPL, (M) Scott Prokop/S, (u) Konstantin Sutyagin/GI **21** (Hg) ImageState, (Zeichen or) Steve Collender/S und dusan964/S, (M) Albo/F, (Zeichen u) Lou Oates/S, (u) Grant Dixon/MP/FLPA **22–3** (M) Bernhard Edmaier/SPL, (ul) Marcos Brindicci/Reuters/Corbis, (Zettel or) pdtnc/F, (ur) Colin Monteath/P **24–5** (M) Steven Kazlowski/Science Faction/Corbis **24** (M) KeystoneUSA-ZUMA/RF, (Zettel ml) Alexey Khromushin/F, (Zeichen ur) marekuliasz/S **25** (Zeichen ol) Steve Collender/S, (Zeichen or) maxkovalev/S, (Ml) Ashley Cooper/Corbis, (Mr) Carsten Peter/Speleoresearch & Films/GI, (Zeichen ul) Lou Oates/S, (ur) Tony Waltham/RHWI/Corbis **26–7** (Hg) Mirek Hejnicki/S, sspopov/S, SeDmi/S, kilukilu/S und leolintang/S; (Objekte auf Förderband, l–r, o–u) Serhiy Shullye/S, Outsider/S, E.R. Degginger/SPL, Picsfive/S, Denis Selivanov/S, Keith Wilson/S, Konovalikov Andrey/S, Alexander Kalina/S, Bragin Alexey/S, Jean-Claude Revy, ISM/SPL, Kamil Krzaczynski/epa/Corbis, Juri/S, dslaven/S, Krasowit/S, Jens Mayer/S, stocksnapp/S, Maria Brzostowska/F, Steve Vidler/P, Jason Reed/Reuters/Corbis; (or) Jon T. Fritz/MCT **28** (or Rahmen) diak/S, (or) NPL, (goldene Tafel) Alaettin YildIrim/S, (Mr) Argus/S, (ul) Jeffrey L. Rotman **29** (or) Victor Habbick Visions/SPL, (Ml) NPL/RF, (Laptop ul) Edhar/S, (ul) Dr Ken Macdonald/SPL, (ur) Jamie Cross/S **30–1**(Hg) Planetobserver/SPL 30 (o–u, l–r) John Wollwerth/S, Mike Hollingshead -/Science Faction/Corbis, Jim Reed/Jim Reed Photography – Severe &/Corbis, dswebb/iStock **31** (o–u, l–r) Caitlin Mirra/S, jam4travel/S, Carsten Peter/GI, Irwin Thompson/Dallas Morning News/Corbis **32** (M) Gene Rhoden/P, (M) 2010 Gallo Images/GI, (ul) AFP/GI, (ur) Jim Reed/FLPA **33** (ol) Olivier Vandeginste/SPL, (or) mtkang/S, (M) Ivan Cholakov Gostock-dot-net/S, (u) AFP/GI **34–5** (M) Scott Warren/P **34** (ul) Joel Blit/S, (ur) Steve Collender/S **35** (ul) Picimpact/Corbis, (M) Brandelet/S **36–7** (oM) Ward Kennan/P, (t, l–r) Dan Burton/NPL, AlaskaStock/P, Planetary Visions Ltd/SPL, (uM) Juniors Bildarchiv/P, (u, l–r) George Steinmetz/Corbis, Frans Lanting/Corbis, Planetary Visions Ltd/SPL **38** (Hg) Sasha Buzko, (ol) Tischenko Irina/S, (Ml) Anan Kaewkhammul/S, (Mr) Mikhail/S, (Rahmen ul) imagestock, (ul) Kordcom Kordcom/P **39** (ol) Michael Freeman/Corbis, (Rahmen M) Cre8tive Images/S, (M) T Carrafa/Newspix/RF, (r) Anan Kaewkhammul/S

Tolle Tiere: 40–1 Christian Ziegler/MP/FLPA **42** (o) Jürgen & Christine Sohns/FLPA, (u) Hugh Lansdown/FLPA **43** (o) Stephen Dalton/NPL, (M) Stephen Dalton/NHPA, (u) Gisela Delpho/P **44** (M) Jürgen & Christine Sohns/FLPA, (ul) Kim Taylor/NPL **45** (o) Stephen Dalton/NPL, (u) Hue Chee Kong/S **46–7** (Hg) Alex Kuzovlev, (M) Reinhard Dirscherl/P **46** (o) Natutik/S **47** (o) Michael & Patricia Fogden/MP/FLPA, (ur) Malcolm Schuyl/FLPA **48–9** (Hg) S, (Löcher) Krisdog/D, (Nägel) dusan964/S, (Steckbriefe) Chyrko Olena/S, (Schlüssel) Simon Bratt/S **48** (ol) Konstantin Sutyagin/S, (or) Fred Bavendam/MP/FLPA, (ul) Frank Stober/Imagebroker/FLPA, (ur) ZSSD/MP/FLPA, (u, Hg) Kirsty Pargeter/F **49** (ol) Austin J Stevens/P, (or) Norbert Wu/MP/FLPA, (ul) Mitsuaki Iwago/MP/FLPA, (ul, Hg) Triff/S, (ur, Handschellen) Zsolt Horvath/S, (ur, Sheriffstern) Peter Polak/S **50–1**(M) Piotr Naskrecki/MP/FLPA, (Rahmen) Undergroundarts.co.uk/S **50** (l) Piotr Naskrecki/MP/FLPA, (u) Mark Payne-Gill/NPL, (u, Rahmen) Robert Adrian Hillman/S **51** (o) S & D & K Maslowski/FLPA, (u) Ron Austing/FLPA **52–3** (Hg) Gudrun Muenz/S, (Schilder) Picsfive/S, (Ballons) Michael C. Gray/S, (Luftschlangen) hans.slegers **52** (ol) Ariadne Van Zandbergen/FLPA, (Ml) Milena_/S, (M) Manfred Kage/P, (m, Rahmen) Natalie-art/S, (ur) Sherjaca/Shutterstock **53** (ol) Eduardo Rivero/S, (ol, Rahmen) vector-RGB/S, (or) laschi/S, (Ml) Pete Oxford/NPL, (Ml, Hg) LeonART/S, (Mr) Eky Studio/S, (Mr, Rahmen) Nira/S, (u) Paul Kay/P, (u, Partyhut) Stacy Barnett/S **54** (M) Sea Pics, (u) Bruce Davidson/NPL **55** (o) javarman/S, (Ml) Ron O'Connor/NPL, (u) Paul Nicklen/GI **56–7** (farbiger Zettel) Alexey Khromushin/F, (Rahmen) Picsfive/S, (Stecknadeln) Oleksii Natykach/S, Montage: (Hinterbeine) Steffen Foerster Photography/S, (Schwanz) NREY/S, (Körper) Eric Isselée/S, (Vorderbeine) Eric Isselée/S, (Hals) prapass/S, (Ohren) Johan Swanepoel/S **56** (o) Dhoxax/S, (M) Mark Beckwith/S, (u) Mogens Trolle/S, (Zettel) Milos Luzanin/S **57** (ol) Michael Sheehan/S, (or) BlueOrange Studio/S, (Ml) Kjersti Joergensen/S, (Mr) Ludmila Yilmaz/S, (ul) Jürgen & Christine Sohns/FLPA, (ur) Steffen Foerster Photography/S **58–9** (ol) Aflo/NPL, (oM) pixelman/S, (or) Villiers Steyn/S, (ul) Stephen Bonk/S, (ur) Neil Bowman/FLPA **60–1** (Hg) Lightspring/S, (M) Roger Powell/NPL, (Wände) tkemot, (Sterne) Tomasz Wojdyla **60** (ol) Geoff Simpson/NPL, (ul) Andy Rouse/NPL, (ur) Tui De Roy/P **61** (ol) Eric Isselée/S, (or) Dietmar Nill/NPL, (Mr) Doug Allan/ NPL, (ur) Ed Reschke/P **62–3** (Font, Holz) Brian Weed/S, (Hg, Buch) thumb/S, (Kritzeleien) Petr Vaclavek/S, (M) Tyler Boyes/S, (uM) Danny Smythe/S **62** (l) vilax/S, (or) Angelo Gandolfi/NPL, (u) Suzi Eszterhas/MP/FLPA **63** (ol) Constantinos Petrinos/NPL, (or) Marie Read/NPL, (ul) Premaphotos/NPL, (ur) Doug Perrine/NPL, (Eicheln) dionisvera/S **64–5** (M) Tan Hung Meng/S, (Blätter) maxstockphoto/S **64** Colin Marshall/FLPA, **65** (o) S Charlie Brown/FLPA, (u) Bruce Davidson/NPL **66–7** (Hg) Lasse Kristensen/S **66** (or) Katherine Feng/MP/FLPA, (M) Cathy Keifer/iS (u) ImageBroker/FLPA, (ul) Cathy Keifer/F **67** (o) Mitsuaki Iwago/MP/FLPA, (M) Donna Heatfield/S, (u) Visuals Unlimited/NPL **68** (M) Neale Cousland/S, (l) Vinicius Tupinamba/S **69** (ol) Johan Swanepoel/S, (or) mike lane/Alamy, (Ml) Joseph DiGrazia/S, (Ml, Rahmen) Iwona Grodzka/S, (u) Kurt Madersbacher/P **70–1** (Medaille) Fotocrisis/S **70** (M) Gerry Ellis/MP/FLPA, (u) Flip De Nooyer/FN/MP/FLPA **71** (o) Johan Swanepoel/S, (u) Mike Parry/MP/FLPA **72–3** (Hg) Pete Oxford/NPL, (gelbes Blatt) Iurii Konoval/S, (grünes Blatt) maxstockphoto/S

72 (or) Staffan Widstrand/NPL, (ul) Thomas Marent/MP/FLPA **73** (o) Heidi & Hans-Juergen Koch/MP/FLPA, (M) Solvin Zankl/NPL, (u) Gerry Ellis/MP/FLPA, (Rahmen) PhotoHappiness/S **74–5** (oM) Richard Fitzer/S, (oM, Zeichen) Loskutnikov/S, (uM) Flip Nicklin/MP/FLPA, (r) Anan Kaewkhammul/S, (Tafeln) aborisov/S

Geniale Forschung: 76–7 David Scharf/SPL **78** (ol) Pedro Nogueira/S, (or) NASA-JPL, (ul) Lane V. Erickson/S, (u, l–r) Top Photo Group/RF **79** (ol) Pedro Nogueira/S, (ul) James Balog/Aurora Photos/Corbis, (r, o–u) oku/S, David Arts/S, Dmitri Melnik/S, Sergey Kamshylin/S, Andrey Burmakin/S, (Rahmen) Phase4Photography/S **80–1** (M) NASA/GI, (u) Joseph C Dovala/P **80** (l) Edward Kinsman/SPL, (M) Abel Tumik/S, (u, Schild) Matthias Pahl/S, (u, Kette) Henry Nowick/S, (r) Phase4Photography/S **81** (l) E.R.Degginger/SPL, (r, o–u) Melli/S, Vakhrushev Pavel/S, Arsgera/S, ArtmannWitte/S **82–3** (Hg) lolloj/S **82** (M) GI, (o) Eye of Science/SPL, (ul) Nicemonkey/S, (ur) Lawrence Berkeley National Laboratory/SPL **83**(ol) NASA/SPL, (or) RF, (uM) Innespace Productions/SEABREACHER, (ul) Dmitri Mihhailov/S, (ur) Gwoeii/S **84–5** (Hg) dinadesign/S, (Rahmen) ivn3da/S, (M) adziohiciek/S, (Eiswürfel) Alex Staroseltsev/S **84** (or) NASA/Science Faction/Corbis, (ul) Vitaly Raduntsev/S, (ur) SPL **85** (ol) Patrick Landmann/SPL, (or) Ria Novosti/SPL, (or, Rahmen) Hintau Aliaksei, (ul) Diego Barucco/S, (ur) Yva Momatiuk & John Eastcott/GI **86–7** (Hg) Zinatova Olga/S, (M) Gordan/S, (u) Sergey Mironov/S, (o) NASA-JPL 86 (l) Edward Kinsman/SPL, (r) Jean-Luc & Françoise Ziegler/P **87** (o) NASA-GSFC, (ul) NASA-JPL, (ur) NASA/WMAP Science Team/SPL **88–9** (Font, Holz) Ford Photography/S, (Hg, Buch) Valentin Agapov/S, (Kritzeleien) Bukhavets Mikhail/S, (Klebeband) Studio DMM Photography, Designs & Art/S, (Rahmen) Phase4Photography/S **88** (o) NASA-MSFC, (u) NASAJPL **89** (or) Viktar Malyshchyts/S, (r) happydancing/S **90–1** (M) Tony Craddock/SPL **90** (u) J.C. Revy, ISM/SPL **91** Volker Springel/Max Planck Institute for Astrophysics/SPL **92–3** (Hg) Kheng Guan Toh/S, (Atome) Johan Swanepoel/S, (Moleküle) Serdar Duran/S **92** (l) Steve Gschmeissner/SPL, (or) David McCarthy/SPL, (ur) Susumu Nishinaga/SPL **93** (o) Dr Gary Gaugler/SPL, (Ml) Dr Linda Stannard, UCT/SPL, (Mr) Omikron/SPL, (u) Jan Kaliciak/S **94** (o) Eye of science/SPL, (M) Ower and Syred/SPL, (u) SPL **95** (ol) Jan Hinsch/SPL, (or) Susumu Nishinaga/SPL, (ul) Steve Gschmeissner/SPL, (ur) Astrid & Hanns-Frieder Michler/SPL **96** (Hg) argus/S, (M) Thierry Berrod, Mona Lisa Production/SPL, (u) Bristish Museum/Munoz-Yague/SPL **97** (M) Stephen & Donna O'Meara/SPL, (ol) Jochen Tack/P, (or) Augusto Cabral/S, (ul) Smit/S **98–9** (M) Anakaopress/Look at sciences/SPL **98** (u) optimarc/S **99** (o) Stephen Alvarez/GI, (M) Carsten Peter/GI, (u) Jeff Rotman/NPL **100–1** (o) shelbysupercars.com, (u) David J. Cross/Photolibrary 100 GI 101 NASA/SPL **102** (Hg, rosa) Panos Karapanagiotis/S, (Hg, Handschrift) Inga Nielsen/S, (ol) National Library of Medicine/SPL, (or) Dmitrijs Bindemanis/S, (Ml) Library of Congress/digitale Version von Science Faction, (ul) Bettmann/Corbis, (ur) Dominik Michálek/S **103** (ol) Jacqueline Abromeit, (or) RF, (Ml) Bettmann/Corbis, (ul) Graeme Dawes/S, (uM) NASA-MSFC, (ur) Reuters/Corbis **104–5** (M) Russell Kightley/SPL **104** NASA/ESA/STSCI/J.Kenney & E.Yale, Yale University/SPL **105** Chandra X-ray Observatory/NASA/SPL **106–7** (Hg) David Parker/SPL, (im Uhrzeigersinn von ul) Christophe Vander Eecken/Reporters/SPL, Adam Hart-Davis/SPL, Tim Wright/Corbis, optimarc/S, Sylverarts/S, Emilio Naranjo/epa/Corbis **108–9** (Grenzbalken) gorica/S **108** (ol) INSAGO/S, (Ml) R-studio/S, (ul) GI **109** (ol) Christophe Boisvieux/Corbis, (ul) Time & Life Pictures/GI, (r) Omikron/SPL **110–1** Jose Antonio Peñas/SPL

Coole Maschinen: 112–3 Juerg Schreiter/S **114–5** (u) KPA/Zuma/RF **114** (M) Corbis, (ul) AridOcean/S, (Schild) Anan Kaewkhammul/S **115** (ol) Space Frontiers/Stringer/GI, (or) studio online/S **116–7** (Hg) Neo Edmund/S **116** (Metall) caesart/S, (M) South West News Service/RF, (r) Eky Studio/S, (ul) Peter Menzel/SPL, (ur) akiyoko/S **117** (o) National Geographic/GI, (u) Issei Kato/Reuters/Corbis **118–9** (o) David Griffin/Icon SMI/Corbis **118** (ul) Robert Young/S, (Fahne) Stephen Aaron Rees/S, (u) David Allio/Icon SMI/Corbis **119** (or) kobi nevo/S, (ul) Brian Bahr/Stringer/GI **120–1** (Hg) Dariush M./S, (M) Icon Images/RF, (Grenzmarkierung) Gordan/S, (u) Tischenko Irina/S **121** (ur) Kesu/S **122–3** (Hg) Peter J. Kovacs/S **122** (ol) apostol/S, (or) Henry Groskinsky/Time & Life Pictures/GI, (u) Terence Dewaele/AFP/GI **123** (o) Norbert Wu/GI, (M) Jon Freeman/RF, (u) Georges de Keerle/Sygma/Corbis **124–5** (M) racefotos2008/S **125** (or) Carl de Souza/AFP/GI, (Spuren) hugolacasse/S, (ul) hoboton/S, (ur) AFP/GI, (Spikes) Rolf Kosecki/Corbis **126–7** (Hg) 4designersart/S **126** (o) Mai/Mai/Time Life Pictures/GI, (u) George Steinmetz/Corbis **127** (o) Jim Watson/AFP/GI, (ul) Ethan Miller/GI, (ur) Ed Oudenaarden/epa/Corbis **128–9** (M) Jonathan Hordle/RF, (Tickets) George Pappas/S, (Rohre) Zlatko Guzmic/S **128** (l) GI **129** (r) Debbie Egan-Chin/NY Daily News Archive via GI, (Montage) Joe McNally/GI **130–1** (M) Michael Stokes/S **130** (ol) Presniakov Oleksandr/S, (ul) Jose Gil/S, (ur) 808isgreat/S **131** (or) Sipa Press/RF, (ul) Mighty Sequoia Studio/S, (Filmnegativ) Hintau Aliaksei/S, (ur) RTimages/S **132–3** (u, Hg) archetype/S, (o, Hg) R-studio/S, (M) Yuriko Nakao/Reuters/Corbis, (Grenze) gorica/S **132** (u) Michael Caronna/Bloomberg via GI, (u, Rahmen) Maria Toutoudaki/iS **133** (o) Dmitry Nikolajchuk/S, (u) Bill Pugliano/GI **134–5** (Grenze) S, (M) Jessica Rinaldi/Reuters/ Corbis, (Etiketten) S **134** (Hg) Anteromite/S, (o) Leo Francini/S, (M) Jakub Krechowicz/S, (u) Mark Carrel/S **135** (or) USCG/SPL, (ur) pashabo/S **136–7** (M) Master Sgt. Kevin J. Gruenwald/RF **137** (ul) Corbis, (ul, Hg) Ana de Sousa/S **138** (o) The Labor Shed/S, (Beschilderung) James Nemec/S, (ul, Rahmen) frescomovie/S **138–9** (Hg) Sasha Buzko/S, (M) MarketOlya/S, (im Uhrzeigersinn von ul) Jakub Krechowicz/S, Bettmann/Corbis, GI, Time & Life Pictures/GI, SSPL/GI, Zdenko Hirschler/RF, Curventa/RF **140** (o) Kai Forsterling/epa/Corbis, (ul) Yves Forestier/Sygma/Corbis **141** (Ml) Justin Sullivan/GI, (Mr) nikkytok/S, (u) U.S. Coast Guard – digitale Version/Science Faction/Corbis **142–3** (Hg) Hywit Dimyadi/S, (u) yuyangc/S, (ol) Erik Viktor/SPL, (ul) Linali/S, (M) NASA/SPL, (or) NASA/SPL, (ur) NASA/SPL **144–5** (Hg) Molodec/S, (M) Du Huaju/Xinhua Press/Corbis, (Schilder) Stefan Delle/S **144** (o) Reuters/Corbis, (ul) RF, (ur, Zettel) pdtnc/F, (ur, Zeichen) Raia/S **145** (o) Reuters/Corbis, (M) Vitaly Korovin/S **146–7** (Hg, Metall) R-studio/S, (Hg, i-Pad) Viktor Gmyria/S, (Schilder) S **146** (o) Andrea Danti/S, (ul) AFP/GI, (ur) Bloomberg via GI **147**(l) Detlev Van Ravenswaay/SPL, (l, Rahmen) Dic Liew/S, (r) News Pictures/MCP/RF

Das Wunder Mensch: 148–9 Stringer/india/Reuters/Corbis **150–1** (M) Sebastian Derungs/AFP/GI **150** (o) Hal_P/S, (ul) Parrot Pascal/Corbis Sygma/Corbis, (Kerzen ur) DVARG/S, (Torte ur) Susan McKenzie/S **151** (l) GI, (u) AFP/GI, (M) John T Takai/S, (r) Bettmann/Corbis **152–3** (M) Daniel H Bailey/P **152** (ul) Darren Staples/Reuters/Corbis **153** (ol) Digital Vision/GI, (or) AFP/GI, (u) Wang Song/Xinhua Press/Corbis **154** (o) Monkey Business Images/S, (M) Hung Chung Chih/S, (Mu) jovannig/S, (ul) Laitr Keiows/S, (ur) Alangh/D **155** (o) jan kranendonk/S, (M) Kaido Karner/S, (u) Nikola Spasenoski/S **154–5** (Globus l, o–u) Steve Estvanik/S, Alvin Ganesh/S, Dmitry Nikolaev/F, PavelSvoboda/S, (Globus M, o–u) Nikola Spasenoski/S, BartlomiejMagierowski/S, Elenathewise/F, (Globus r, o–u) Pichugin Dmitry/S, Steve Estvanik/S **156** (M und Montage) Bryan and Cherry Alexander/NPL, (u) hoboton/S **157** (oM) Mark Edwards/P, (oM, Montage) Wave RF/P, (ol) Anna Kaminska/S, (uM) Martin Harvey/Corbis, (uM, Montage) Babak Tafreshi/SPL **158** (o, Hg) Michael D Brown/S, (u, Hg) Len Green/S, (ol) dimitris_k/S, (or) Gunnar Pippel/S, (Ml) nuttakit/S, (M) Bettmann/Corbis, (ur) S, (ul) Roman Sigaev/S **159** (Hg) DiverS-photo/S, (ol) The Art Gallery Collection/Alamy, (ol, u) Marilyn Volan/S, (Symbol M) Petr Vaclavek/S, (Mr) Ambrophoto/S, (ul) Toponium/S, (ur) Newspix/RF **160–1** (Hg) Steve Estvanik/S, (Buch) Valentin Agapov/S **161** (o) gualtiero boffi/S, (M) George Steinmetz/Corbis, (M, Hg) bartzuza/S, (ul) GI for Red Bull/GI, (ur) Alexey Khromushin/F **161** (o) Arcticphoto/Alamy, (M) Karen Kasmauski/Corbis, (u) Bloomberg via GI 162 (l) Günter Flegar/P, (or) AFP/GI, (ur) Corbis **163** (ol) Seleznev Oleg/S, (or) KPA/Zuma/RF, (ul) Nik Wheeler/Corbis, (ur) Sipa Press/RF **164–5** (Hg) nubephoto/S **164** (l) SINOPIX/RF, (or) Riou/Corbis, (ur) Tim Hill/P **165** (o) Envision/Corbis, (M) Mariana Bazo/Reuters/Corbis, (u) Ted Mead/P **166** (o) Mike Keating/Newspix/RF, (u) Barcroft Media via GI **167** (o) Alaska Stock Images/P, (Ml) Alexis Rosenfeld/SPL, (Blasé, Hg) fuyu liu/S, (u) NASA/SPL, (Metallrahmen) Shawn Hine/S **168–9** (Hg) Molodec/S, (Messinstrumente) Leremy/S, (M) Natchapon L./S **168** (ul) Superstock Inc/P **169** (o) Factoria Singular/P, (u) Javier Larrea/P **170–1** (Hg) Andrey Burmakin/S, (wissenschaftliche Kritzeleien und Notizen) Lorelyn Medina/S, (u) Max Baumann/S **170** (blauer Hg) Alexey Khromushin/F, (l) S, (or) Jakub Krechowicz/S, (ur) Sheila Terry/SPL **171**(o) Bettmann/Corbis, (ul) Time & Life Pictures/GI, (ur) hfng/S **172–3** (M) John Van Hasselt/Sygma/Corbis **172** (u) Bettmann/Corbis **173** (ol) Sam Rosewarne/Newspix/RF, (or) Reuters/Corbis, (u) Keith Ducatel **174** (Hg) Pallaske Pallaske/P, (o) R-studio/S, (o, u) Kompaniets Taras/S, (M) Luciano Mortula/S, (M, Rahmen) kak2s/S, (u) Sukree Sukplang/X90021/Reuters/Corbis **175** (M) JTB Photo/P, (o) Per-Andre Hoffmann/P, (Rahmen) SuriyaPhoto/S **176–7** (M) François Pugnet/Kipa/Corbis **176** (o) RF, (M) Marco Beierer/S, (u) Kazela/S **177** (o) Ian Salas/epa/Corbis **178** (l) Valdrin Xhemaj/epa/Corbis, (oM) 2010 GI, (uM) Christian Kober/P, (r) imagebroker RF/P **179** (ol) Sipa Press/RF, (or) Charles & Josette Lenars/Corbis, (M) Zdorov Kirill Vladimirovich/S, (ul) Bildagentur RM/P, (ur) GI **180–1** (M) Alastair Muir/RF **180** (u) Bildarchiv Monheim GmbH/Alamy, (Paket) Oliver Hoffmann/S **181** (ol) GI, (Ml) markrhiggins/S, (ul) Richcat/S, (r) Ray Tang/RF **182** (o) AFP/GI, (u) Zhang Chuanqi/XinHua/Xinhua Press/Corbis **183** (o) Jeff J. Mitchell/Reuters/Corbis, (ul) Victor Fraile/Reuters/Corbis, (ur) PILart/S

Spannende Geschichte: 184–5 Warner Bros. Pictures/Helena Productions/Latina Pictures/Radiant Productions/Plan B Entertainment/MSC **186–7** (Hg) Jenny Solomon/F, (Hg, ul) Binkski/S 186 (ul) 2003 Charles Walker/TopFoto, (ur) Sandro Vannini/Corbis **187** (ul) The Granger Collection/TopFoto, (uM) The Granger Collection/TopFoto, (ur) Studio 37/S **188–9** (Rahmen) Ladyann/S **188** (M) Time & Life Pictures/GI, (ol) grivet/S, (or) kanate/S **189** (M) 2001 Topham/PA/TopFoto, (Ml) Roger-Viollet/TopFoto, (ul) GI **192–3** (Hg) Hywit Dimyadi/S, (Brettspiel) Katherine Welles/S, (Karte) ilolab/S, (Spielfiguren) Lars Kastilan/S, (Würfel) Bombaert Patrick/S, (Schilder) Stephen Aaron Rees/S **192** (Zettel Überschrift) Jakub Krechowicz/S, (or) Charles Walker/TopFoto, (Ml) Bettmann/Corbis, (ul) National Geographic/GI **193** (ol) Bettmann/Corbis, (or) GI, (ul) GI, (ur) Popperfoto/GI **194–5** (Hg) pashabo/S, (Postkarte) ronstik/S, (Briefmarken) vesves/S, (Farbige Nadeln) oriori/S **194** (or) Patryk Kosmider/S, (ul) 2005 TopFoto, (ur) Historical Picture Archive/Corbis **195** (ol) Michael Nicholson/Corbis, (or) Print Collector/HIP/TopFoto, (ul) The Granger Collection/TopFoto, (ur) De Agostini/GI **196–7**(o, l–r) ClassicStock/TopFoto, Luisa Ricciarini/TopFoto, Corbis, ullsteinbild/TopFoto, 2002 Topham/UPP/TopFoto, (u, l–r) GI, Bettmann/Corbis, Stapleton/HIP/TopFoto, RIA Novosti/TopFoto, Topham Picturepoint/TopFoto **198–9** (Hg) Cindi L/S **198** (o) O.V.D./S **199** (or) National Geographic/GI **200–1** (Hg) Eky Studio/S, (Buch) charles taylor/S, (Blut) robybret/S, (Schilder) Christopher Hudson/iS **198** (l) Bettmann/Corbis, (or) The Granger Collection/TopFoto, (ur) Print Collector/HIP/TopFoto **201**(ol) The Granger Collection/TopFoto, (or) Ullstein Bild/TopFoto, (ul) TopFoto, (ur) AFP/GI **202** (Ml) Maslov Dmitry/S, (Mr) Bettmann/Corbis, (ul) Bettmann/Corbis, (ur) Anna Hoychuk/S **203** (ol) KUCO/S, (or) Charles Walker/TopFoto, (ul) World History Archive/TopFoto, (ur) Topham/AP/TopFoto **204–5** (Blut) Steve Collender/S, (Feuer) Sergey Mironov/S **204** (or) SuperStock/GI, (u) GI **205** (o, Hg) JeremyRichards/ S, (o) Historical Picture Archive/Corbis, (ul) TopFoto **206–7** (Hg) zhanna ocheret/S, (Buch) Evgenia Sh./S **206** (ol) optimarc/S, (Ml) GI, (Mr) Mary Evans Picture Library/Alamy, (ul) Studio DMM Photography, Designs & Art/S, (ur) ullsteinbild/TopFoto **207** (ol) The Granger Collection/ TopFoto, (or) GI, (or, Fächer) Margo Harrison/S, (ul) PoodlesRock/Corbis, (ur) GI **208–9** (Hg) val lawless/S, (Hg, Flecken) Picsfive/S, (M) Bochkarev Photography/S **208** (Karte Überschrift) Sibear/S, (or, Strumpf) Antonov Roman/S, (or, Schüssel) Ron Zmiri/S, (blaue Servietten) Arogant/S, (weiße Servietten) Lim Yong Hian/S, (gefaltete Servietten) Tobik/S, (Messer und Gabel) Natalia Klenova/S, (Holzlöffel) Nekrasov Andrey/S **209** (ol, Teller) Kulish Viktoriia/S, (ol, Maus) marina ljubanovic/S, (ol, Zuckermaus) Lucie Lang/S, (or, Senf) Timo Jaakonaho/RF, (or, Kamel) mmattner/S, (or, Kebab) S, (M) Martina I. Meyer/S, (Mr, Glas) jesterlsv/S, (Mr, Krug) Peter Lorimer/S, (Mr, Humpen) Lipowski Milan/S, (ul) Sergey Shcherbakoff/S, (uM) Lagui/S, (ur) discpicture/S **210–1** (Hg) L.Watcharapol/S **210** (ol) Vitaly Korovin/S, (ol, Text aus Kette) Steve Collender/S, (or) Chyrko Olena/S, (l) Picsfive/S, (Mr) Gianni Dagli Orti/Corbis, (ul) The Gallery Collection/Corbis, (ur) pandapaw/S, (ur, Schild) Vitaly Korovin/S **211** (ol) David Burrows/S, (ol, Fenster) Lusoimages/S, (oM) GI, (oM, Schild) Matthias Pahl/S, (or, Galgenschlinge) Iwona Grodzka/S, (or, Ohr) Washington Post/GI, (Ml) M.E. Mulder/S, (Mr) Charles Walker/TopFoto, (ul) William Attard McCarthy/S, (ur) ID1974/S **212–3** (Hg) charles taylor/S, (Nägel) dusan964/S, (Etiketten) val lawless/S **212** (or, Kerze) Litvinenko Anastasia/S, (or, Zähne) Le Do/S, (Mr, Schröpfgläser) Mary Evans Picture Library/Alamy, (Mr, Bücher) Brocreative/S, (ul) Roger-Viollet/RF, (uM) SPbPhoto/S, (ur, Flasche) Lakhesis/S, (ur, Becher) Coprid/S **213** (ol) The Granger Collection/TopFoto, (ol, Blutegel) Mircea Bezergheanu/S, (oM) Steve Lovegrove/S, (or) Classic Image/Alamy, (r) terekhov igor/S, (Ml, Flaschen) Milos Luzanin/S, (Ml, Mörser und Stößel) Pshenichka/S, (Ml, Gewürze) Noraluca013/S, (Mr) eduard ionescu/S, (ul) Noam Armonn/S, (ur) Mary Evans Picture Library/Alamy, (ur, Hg) F **214–5** (o, Hg) Rémi Cauzid/S, (u, Hg) zhu difeng/S, (Schlamm) Ultrashock/S, (ol, Schild) photocell/S, (Ml, Schild) Excellent backgrounds Here/S, (o, l–r) GI, Fotomas/TopFoto, Museum of London/HIP/TopFoto, (u, l–r) Hank Frentz/S, Popperfoto/GI, Corbis **214** (ur, Rahmen) kak2s/S **215** (u, Rahmen) SuriyaPhoto/S **216–7** (Hg) jayfish/S, (Schilder) Hintau Aliaksei/S **216** (Überschriftsschild) Raia/S, (o) irin-k/S, (M) Ewa Walicka/S, (ul, Säcke) Dee Golden, (ul, Brille) Saveliev Alexey Alexsandrovich/S, (uM) Dreamworks/Everett/RF **217** (ol) The Gallery Collection/Corbis, (or, Schlamm) Ultrashock/S, (or, Helm) bocky/S, (Ml) Mettus/S, (Mr) TopFoto, (uM) Leigh Prather/S, (ur) AP/Topham, (ur, Hg) Ana de Sousa/S **218–9** (Schilder) Dim Dimich/S, (Schriftrollen) koya979/S **218** (Überschrift) inxti/S, (Hg) Kompaniets Taras/S, (or) The Granger Collection/TopFoto (ul) Andrey Burmakin/S **219** (ol) Sophy R./S, (or) papa1266/S, (oM, Seidenraupen) holbox/S, (oM, Schriftrolle) Roman Sigaev/S, (or, Pistole) Kellis/S, (M) PaulPaladin/S, (Mr) Bettmann/Corbis, (ul) Montage: StudioSmart/S, PhotoHouse/S, (ur) Molodec/S

Alle anderen Fotos stammen aus folgenden Quellen:
Corel, digitalSTOCK, digitalvision, Dreamstime.com, Fotolia.com, iStockphoto.com, John Foxx, PhotoAlto, PhotoDisc, PhotoEssentials, PhotoPro, Stockbyte

Es wurden alle Anstrengungen unternommen, um die Quelle und den Inhaber des Urheberrechts jeder einzelnen Abbildung zu ermitteln. Sollten Verlag oder Herausgeber hierbei unabsichtliche Fehler unterlaufen sein, bitten wir um Entschuldigung.